eビジネス新書

No.

週刊東洋経済

# 激動の半導体

週刊東洋経済 eビジネス新書　No.361

# 激動の半導体

本書は、東洋経済新報社刊『週刊東洋経済』２０２０年１０月２４日号より抜粋、加筆修正のうえ制作しています。情報は底本編集当時のものです。（標準読了時間　９０分）

激動の半導体　目次

## 高まる株式市場の評価

# 膨張する半導体マネー

「AI（人工知能）が進歩させる自動化は、これまでとはまったく違ったものになる」

2020年10月5日、オンラインで開かれた米半導体大手エヌビディアのテクノロジーコンファレンス。革ジャンがトレードマークのジェンスン・ファンCEO（最高経営責任者）はそうぶち上げた。

同社はもともとゲームグラフィックス向けGPU（画像処理半導体）で有名だったが、今はそれを応用したAIや自動運転向けの半導体で頭角を現している。20年7月には王者・米インテルを株式時価総額で抜き、市場からの期待は高まるばかり。ファンCEOが見据えるのは、産業革命に匹敵するインパクトだ。

## トヨタを上回る時価総額

電気回路の一種にすぎない半導体が、かつてないほど重要性を増している。次世代通信規格5GやAIの普及に伴い、あらゆる産業機器や身の回りのものがIoT（モノのインターネット）でつながる世界が近づいている。くしくも新型コロナウイルスの感染拡大で、そのスピードは上がった。

米調査会社IDCは2020年5月、今後3年間に作成されるデータの総量が、過去30年間分よりも多くなるという驚くべき予測を発表した。世界中で爆発的に増え続けるビッグデータを高速処理して情報を伝達する主役が、まさに半導体だ。

半導体企業の市場評価もうなぎ登りだ。時価総額は過去10年で、半導体受託製造最大手の台湾積体電路製造（TSMC）が約10倍、エヌビディアは約60倍に高騰。自動車の雄・トヨタ自動車をも大きく上回っている。内燃機関中心だった自動車は構造が一変し、自動運転や電気自動車時代には半導体がカギとなる。半導体の競争力は多くの業界に影響を与え始めた。

もっとも、株価は将来期待される収益を織り込んで形成されていくが、半導体企業は業績拡大のペースをはるかに超える株価上昇になっており、エヌビディアの株価収益率（ＰＥＲ）は実に１００倍を大きく超える水準だ。

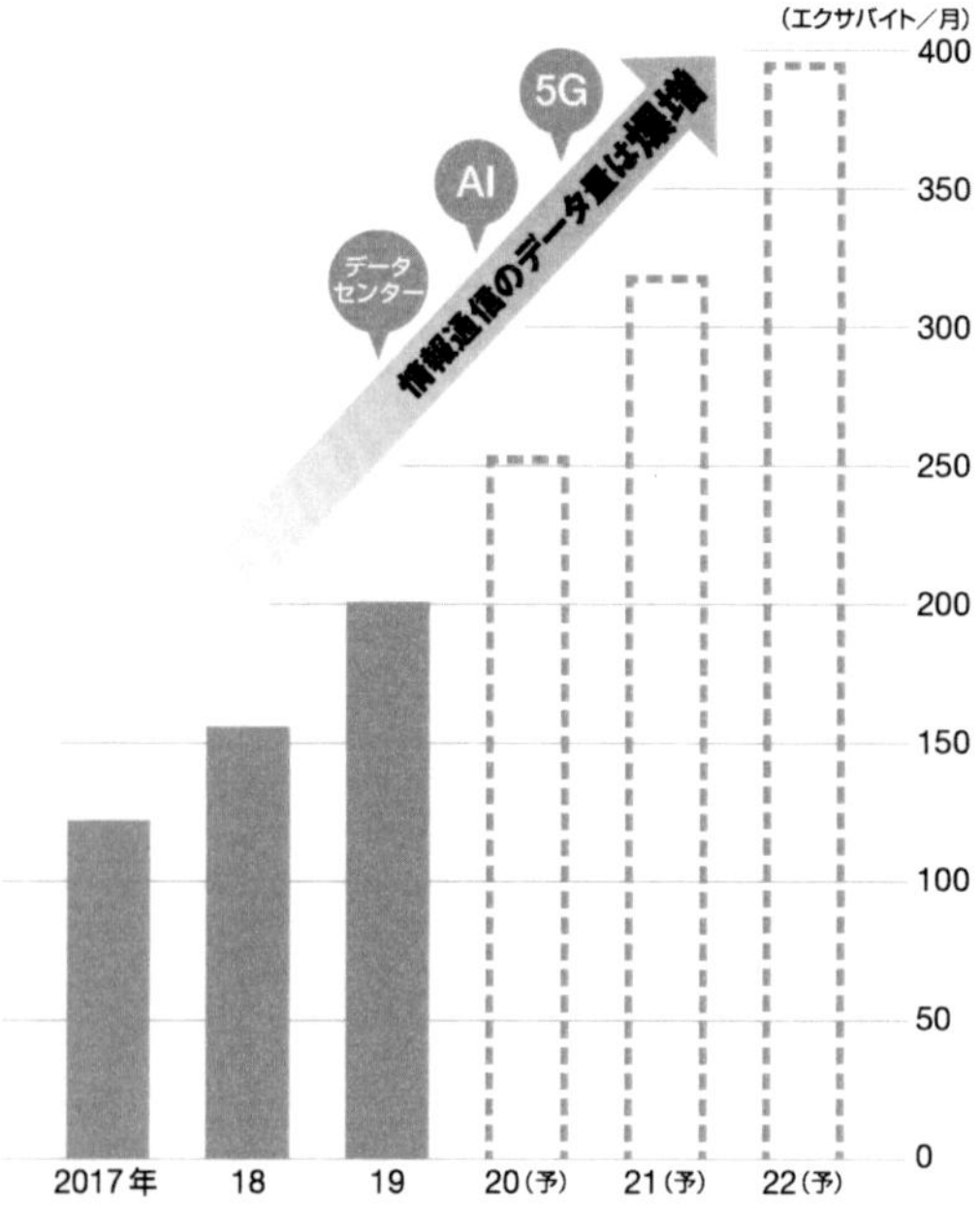

(注)数値は世界のIPトラフィック量(情報通信のデータ量)。1エクサバイト=10億ギガバイト
(出所)シスコシステムズ

## 相次ぐケタ違いの買収

株価上昇をテコにM&A（合併・買収）でもケタ違いのマネーが動いている。20年9月にはソフトバンクグループが英半導体設計会社アームをエヌビディアに最大4・2兆円で売却すると発表した。アームは年間売上高が2000億円程度の会社だが、ソフトバンクは買収してわずか約4年で買収価格に1兆円近くを上乗せできた。続く10月にはCPU（中央演算処理装置）大手の米AMDが米ザイリンクスを約3兆円で買収する方向で交渉が進んでいると報じられた。ザイリンクスも年間売上高は3000億円台だ。それぞれ今後の成長企業であることを考慮しても、バブルに近い様相だ。

一方、市場から思うような評価を得られない企業もある。東芝の半導体メモリー部門を母体とするキオクシアホールディングスは10月に20年最大の新規上場を目指していたが、投資家からの評価が思わしくなく、延期を余儀なくされた。半導体は多額の研究開発と設備投資が欠かせず、資金を集められないということは競争力の低下につながりかねない。

将来のキーテクノロジーである半導体は、国の命運をも左右し始めている。「世界の工場」となった中国はスマートフォンなど電子機器の生産量が多くても、そこに搭載される半導体の生産量は足りず、米国や台湾からの輸入頼みとなって貿易収支が圧迫されている。

そこで産業政策「中国製造2025」の重要項目に掲げたのが半導体の内製強化だ。通信機器大手ファーウェイ（華為技術）傘下のハイシリコンは、すでに最先端半導体の設計能力を有し、残る課題は生産能力向上だ。一方、米国は中国への規制を強めており、半導体覇権争いは激しい。

本誌では激動の業界に関し日本と世界で今何が起こり、どこに向かおうとしているのかを追った。


（高橋玲央）

## 半導体企業のビッグ3は純利益1兆円を超える

| | ロジック半導体 | | メモリー半導体 |
|---|---|---|---|
| | **①位 インテル** 米国 | **②位 TSMC** 台湾 | **③位 サムスン電子** 韓国 |
| **製造** | 売上高 7兆7434億円<br>純利益 2兆2647億円<br><br>PC・サーバー用CPUの覇者。設計から生産まで自前で賄う | 売上高 3兆7264億円<br>純利益 1兆2024億円<br><br>ファウンドリー（受託生産会社）最大手。微細化で他社を寄せ付けず最先端を走る | 売上高 5兆1952億円<br>純利益 1兆1216億円<br>（数値は半導体事業）<br><br>DRAM、NANDの両メモリーで最大手。ファウンドリーへの進出を狙う |
| | 製造も設計も行う同業<br>・テキサス・<br>　インスツルメンツ（米）<br>・ソニー（日）<br>・ルネサス<br>　エレクトロニクス（日） | 製造に特化した同業<br>・グローバルファウンドリーズ（米）<br>・UMC（台）　・SMIC（中） | 製造も設計も行う同業<br>・SKハイニックス（韓）<br>・マイクロン・<br>　テクノロジー（米）<br>・キオクシア（日）<br>・紫光集団（中） |
| **設計** | | 設計に特化した企業<br>・ブロードコム（米）　・クアルコム（米）<br>・エヌビディア（米）　・ハイシリコン（中） | |

（注）順位は直近決算期での純利益の大きい順

## エヌビディアが狙う覇権

王者・米インテルを7月に株式時価総額で抜いたのが米エヌビディアだ。画像処理に強い半導体ＧＰＵを展開し、ゲーム向けのほかデータセンターでも多く使用されており、コロナ禍も追い風にして業績を伸ばしている。

だが、エヌビディアが最も注目されているのはＡＩ（人工知能）半導体と呼ばれる分野だ。ＧＰＵは複数の演算処理を同時に素早く行う「並列処理」が得意で、大量のデータ処理を行うＡＩに必要なディープラーニング（深層学習）に適している。ＡＩの利用は今後爆発的に増えるとみられ、この分野を掌握すれば半導体業界の覇者になれる。近年の株価高騰はこうした期待を反映したものだ。

そのエヌビディアが9月に大きなニュースで世界を驚かせた。ソフトバンクグループ（ＳＢＧ）傘下の英半導体設計大手アームを最大４・２兆円の巨額で買収すると発表したからだ。

ＳＢＧが２０１６年にアーム買収に費やしたのは３・３兆円。それからわずか約4年で1兆円近く上乗せしたことになる。ＳＢＧは売却額の過半をエヌビディアの株式で受け取り、今後も間接的にアームへの影響を残す。ＳＢＧの孫正義会長兼社長は「エヌビディアの主要株主として、アームの成長に投資することを楽しみにしている」とコメントした。

アームの２０年3月期の売上高は２０６６億円。営業損益は研究開発費が重いこともあり、４２８億円の赤字だ。ＳＢＧが買収した１６年以降はほとんどの期間が赤字だが、それでもビッグディールになったのはなぜか。

それは、アームの高い技術と独特のビジネスモデルが半導体産業にとってなくてはならない基幹的なものだからだ。

アームが売るのは半導体回路を設計するための基本情報。設計図に相当する。半導体メーカーはアームからこの基本情報を購入し、ライセンス料を支払う。次に製品が量産されると、生産チップ数に応じたロイヤルティーを払うという仕組みだ。

同じアームの基本情報を使えば、ソフトウェアの互換性が高まる。そうした利点を背景にアームのアーキテクチャーを採用する半導体メーカーが急増中だ。とくにスマホ向け半導体ではほとんどにアームの基本情報が活用されており、米クアルコムや米アップルなど幾多の有力企業が顧客に名を連ねている。まさに半導体業界を牛耳る陰の主役ともいえる。

インテルが牙城としているパソコンやデータセンター向けCPUにもアームは進攻し始めている。アームの基本情報を使った半導体の出荷数は2019年に全体の34％に相当する228億個にも達している。「アームのCPUは世界一の人気だ」。エヌビディアのジェンスン・ファンCEOはそう語る。

■ソフトバンクGはアームを3.3兆円で買って4.2兆円で売却する

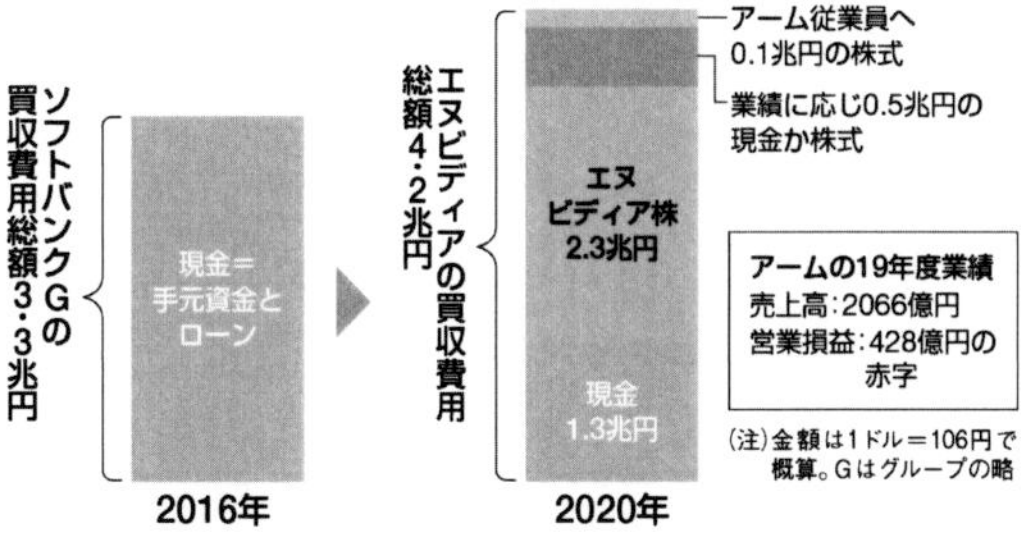

(注)金額は1ドル＝106円で概算。Gはグループの略

■アームは半導体設計の基本情報をライセンス販売する

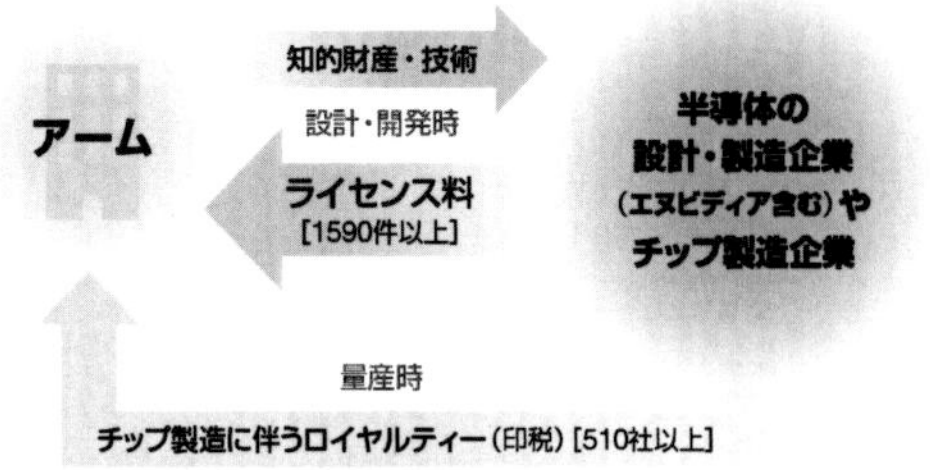

## エッジAI半導体が肝

アームの顧客には当然エヌビディアも含まれる。ほかの顧客にとってはライバルによる買収になるため、今後の中立性には疑問の声が多い。それでもエヌビディアが買収に踏み切るのは、AI時代のプラットフォーマーを目指すために欠かせないからだ。「エヌビディアの高速化されたAIコンピューティング技術をアームのエコシステムに提供する」。フアンCEOは20年10月のオンラインイベントでそう宣言した。

これまでのAI半導体はデータセンター上で動くものが主流で、エヌビディアもクラウド向けの分野を主力にしてきた。だが、AIの活用は今後、IoT化などを通じて、多くの産業機械や医療機器、自動車など幅広い用途に広がっていく。自動運転や遠隔医療では一瞬の動作遅延も許されないため、いったんクラウドに上げて処理する環境では間に合わない。そのため、現場に近い端末側(エッジ)で素早く処理する「エッジAI半導体」の開発競争が激しくなっている。

そこで、アームが端末側で手がける複雑な計算を行うCPUと、エヌビディアの単純な計算を大量に高速処理するGPUを組み合わせることで、AIシステム全体の性能向上が期待できるとみている。エヌビディアのGPUは消費電力が比較的大きくそのままでは搭載が難しいため、エッジAI専用の半導体開発が急がれている。

これまでも着々と手を打ってきた。エヌビディアは日系だけでも2017年以降にトヨタ自動車やコマツ、ファナックなど名だたる企業と次々と提携。自動運転技術や自動建機などの開発で協業を開始している。10月のイベントでは医療分野や物流・小売りでAI半導体を使った具体的な事例を紹介するなど、領域拡大に躍起だ。

だが、エヌビディアがAI半導体の覇者となれるかは不透明だ。ライバルも半導体自体がAI世界での肝になるとみて、虎視眈々と狙っているからだ。

米電気自動車大手テスラは2019年、エヌビディアから供給してもらう予定だった完全自動運転向けの半導体を自社製に切り替えた。米グーグルも「TPU」と呼ばれる半導体を開発し、IoT端末への搭載を狙って外販している。ソニーも画像センサーとともにAIを搭載した製品を20年5月に発表済みだ。

エヌビディアがこれまでの自由闊達な社風を維持できるかもポイントだ。日本法人の大崎真孝代表は、同社を「スタートアップ」と定義する。分野に縛られないフラットな文化が技術革新を引き起こしてきたのが強みという。

だが、年間売上高が1兆円を超え、さらにアームを取り込むことで従業員も増える。規模が拡大すれば、これまでの長所を維持するのも容易ではない。市場からの期待に応えられなければ、高額買収も水の泡だ。

（高橋玲央）

# アップルもCPU自社開発に転換

ITジャーナリスト・本田雅一

米アップルが2020年6月の開発者会議でパソコン「Mac」に採用するCPUを米インテル製から自社開発に変更すると発表し、関係者に衝撃が走った。自社製にすれば、動作するソフトの互換性に問題が生じる可能性があるが、それでもなお踏み切ったからだ。

パソコン黎明期はCPUの処理能力向上が新たな用途を生み出し、そこで重視されていたのがまさにソフトの互換性だ。そこで大きな競争力を発揮し、パソコン業界の覇者となったのがインテルだ。

しかしその優位性は昨今、揺らいでいる。CPUの種類に依存しない開発手法が定着し、問題解決のレベルが複雑化。複数の専用処理回路が必要となってきたからだ。

アップルはすでに「ｉＰｈｏｎｅ」や「ｉＰａｄ」で自社製ＳｏＣ（ＣＰＵをはじめ必要な機能の大半をまとめたチップ）を採用。製品ごとに柔軟に設計することで最終製品の魅力を高めてきた。アップルのティム・クックＣＥＯは「パソコンも次のレベルに引き上げる」と述べ、人工知能やセキュリティーの機能を強化するという。

もっとも、アップルほど大胆に脱インテルに踏み切れる企業は少ない。アップルは過去１０年にわたって２０億個の自社製ＳｏＣを使い、設計ノウハウを蓄積しており、最終製品を造るメーカーでそれと同等の技術ノウハウを持つ企業はない。だが、米マイクロソフトが米クアルコムとＳｏＣを共同開発し、脱インテルのウィンドウズ機を発表。彼らが業界のイニシアチブを取れば時代は動き始めるだろう。

## 自社生産の強みが重荷に

さらにインテルの強みとなってきた最先端チップを自社で一貫して生産・供給する

体制そのものが、重荷へ変わっていく可能性もある。

これまでライバルの米AMDはインテルよりも優れた性能のチップを開発しても、十分な数の最新チップの製造能力を持たないため需要を満たすことができなかった。だがAMDは台湾TSMCに生産委託することでこうした課題を突破。アップルもTSMCが持つ回路線幅5ナノメートル（ナノは10億分の1）の最新プロセスを利用して生産する可能性がある。

SoCのような複雑な半導体を製造できるのは世界でインテル、TSMC、韓国サムスン電子、米グローバルファウンドリーズの4社だったが、グローバル社が脱落。サムスンとインテルも最新プロセスでの歩留まり向上に苦戦しており、TSMCが他社を大きく引き離している。

実際、多くの半導体メーカーがTSMCに新鋭チップを発注。TSMCはその収益を開発投資に還元し、多くの製品を製造することでノウハウを蓄積する好循環が回っている。こうした中、インテル自身も自社製造へのこだわりを捨て、生産委託の割合を増やす方針を示している。

その委託先はＴＳＭＣしかない。だが、インテル内で循環していた開発投資がＴＳＭＣに流入すれば、製造技術の差は広がっていく。インテルもそうなることは予見しながらも、外部への生産委託に頼らざるをえない状況に陥っている。

**本田雅一（ほんだ・まさかず）**

ＩＴやモバイル、オーディオ・ビジュアル、コンテンツビジネス、ネットカルチャーなど幅広く活躍。著書に『これからスマートフォンが起こすこと。』（小社刊）など多数。

スバルの新世代「アイサイト」

# 日の丸半導体が消えたわけ

自動車研究家・山本シンヤ

今や新車への搭載が当たり前となりつつある先進運転支援システム（ADAS）。その先頭を走ってきたのがSUBARU（スバル）の代名詞ともいえる「アイサイト」だ。2008年の初代発売以来、進化を繰り返し、累計300万台を超える。

スバルはそのアイサイトで発売以来の大幅刷新となる新世代を発表。20年10月15日に発売した新型ステーションワゴン「レヴォーグ」から順次標準搭載していく。

新世代で目指したのは〝ぶつからないクルマ〟の進化。とくに交差点での衝突回避機能と高速道路での運転支援機能の拡大だ。交差点では広角、高速では遠方を検知するという相反する機能を両立させる必要があり、これまでの延長線では解決が難しかった。

そのため、アイサイトの中核ともいえる前方監視用センサーであるステレオカメラをはじめ主要部品を初めて見直した。アイサイト黎明期から二人三脚でステレオカメラを開発してきた日立オートモティブシステムズ、さらにカメラで撮影した画像データを処理する半導体を供給するルネサスエレクトロニクスなど旧知の日系部品メーカーとの取引をやめた。

代わって新たにステレオカメラを供給するのはスウェーデンの自動車部品大手オートリブから分社化したヴィオニア、ステレオカメラに内蔵する半導体は米ザイリンクスだ。

アイサイトの開発を担当する先進安全設計部の関淳也主査は「理由は非常に単純。機能とコストのバランスを考えた結果だ。さまざまなサプライヤーを検討し、われわれの要求に合致したのがヴィオニアとザイリンクスだ」と話す。

さらにCMOSイメージセンサーには米オン・セミコンダクターを採用し、画素数を従来の約120万から約230万に拡大するなどして約2倍の検知角度を実現。これまでのアイサイトではできなかった自転車や歩行者の横断の検知、右折時対向車との衝突回避も可能だ。

もっともこうした性能向上は日立オートやルネサスなどの組み合わせでも実現可能だと思うが、やはりコスト面での折り合いがつかなかったことが大きいと筆者はみている。

ヴィオニアはADASでは世界トップレベルの実績を持つサプライヤーで、さまざまな自動車メーカーに納入を行っている。これに対して、日立オートはいすゞ自動車やスズキの一部車種への採用が新たに決まったが、基本はスバル中心だった。その差がコスト面に出たことは否めない。

## コスト減効果大きく

アイサイトは今回から全グレードへの標準装備になったため、単体価格は不明だが、3D高精度地図データなどを採用した「アイサイトX」搭載モデルはプラス35万円

（税別）だ。これには純正ナビゲーションとフル液晶メーターも含まれており、それらを差し引くと10万円＋αだろう。他社の同種システムの価格を考えると、正直バーゲンプライスといっていい。

新型レヴォーグの開発コンセプトは「継承と超革新」でアイサイトも同じだ。過去を継承しながら革新した結果だが、長年ともに歩んだ日系メーカーは複雑な思いだろう。

**山本シンヤ（やまもと・しんや）**

自動車メーカーの商品企画、チューニングメーカーの開発を経て、自動車雑誌に転職。2013年から独立して活動。日本カー・オブ・ザ・イヤー選考委員。

# 「並列処理はAIに有効　高性能GPU投入する」

エヌビディア 日本代表兼米国本社副社長・大崎真孝

――株価が急伸し、7月には時価総額でインテルを抜くなど勢いがあります。

われわれが展開してきたGPUは、多くの情報をリアルタイムで並列処理できることが強みだ。シミュレーションなど大規模な演算処理に対応できるプラットフォームを開発したことで、当初のゲーム向け3Dグラフィック中心からデータセンターやスーパーコンピューターへ拡張してきた。現在は世界のスパコンの過半数でエヌビディアのGPUが採用されるほどだ。

もっとも得意・不得意な点がインテルとは違う。システムのマネジメントが得意なインテルなどのCPUと対になって動くことがほとんどで、どちらかをどちらかで打ち消すというわけではない。

――具体的にはどういった領域でニーズが高いのでしょうか。

並列処理が最も有効に働くのがＡＩ（人工知能）のディープラーニングだ。自動運転であれば、何千万という道路を実際に走り、ロボットだったらいろいろな動きを実際にトレーニングさせて、ディープラーニングで学習させる必要がある。そのビッグデータ処理で多くのスパコンが使われている。世界では今、動力が蒸気から電気になったような大きな転換がディープラーニングを基盤に情報処理で起きている。

――ＧＰＵは今後も伸びていくのでしょうか。

最低１０年は伸びていく。データ量が増えるほど、ディープラーニングの精度も上がる。それに伴い、市場からはさらに高性能なＧＰＵの開発が求められていく。

高い性能を求められるのはハードウェアだけではない。ソフトウェアも同じだ。そのときに重要なのがオープンなエコシステムになる。当社はこれまでそうした開発環境をつくり、各デベロッパーや研究者にオープンに提供してきた。このオープンコンピューティングこそがエヌビディアの強みだ。エヌビディアのライバルに見えても、内部では当社の技術を使っている場合が多い。特定の製品で顧客を囲い込むという思想ではない。

## アーム買収でAI加速

――英アームの買収はどのようなシナジーを生むのでしょうか。

詳しくは話せないが、大きく言えることは2つある。1つ目は、世界一大きいアームのエコシステムに当社のGPUが加わることで、AIの世界が大きく加速するということ。2つ目はアームの文化を尊重して維持するつもりであることだ。アームのライセンスを現在受けている顧客に対して、買収で影響を与えるようなことはしない。

――創業者のジェンスン・フアンCEO（最高経営責任者）はどういう組織運営をし

**ていますか。**

彼は「うちは2万人のスタートアップだ」とよく言っている。キーワードは「ミッション・イズ・ボス」。組織を硬直させるのではなく、ミッションごとに人を集めることで組織の柔軟性を高めている。社員を家族のように大切にする人間性と技術への深い理解を兼ね備えており、だからこそ強いリーダーシップを社内外で発揮できている。

かつて半導体業界で日本が優位だった時代の技術者も、当社に多く転職してきている。他社にできないこと、未来をつくることを選択し、そこに集中する。この方針に共感して入社した方はやりがいを感じていると思う。

**大崎真孝（おおさき・まさたか）**

1991年近畿大学理工学部卒業。日本テキサス・インスツルメンツに入社し、エンジニアや営業を経験。2014年から現職。

INTERVIEW 米半導体 日本トップを直撃②

# 「われわれは王者でない データ軸の新市場狙う」

インテル 日本法人社長・鈴木国正

――半導体業界はインテル対米AMDという構図がありましたが、昨今はプレーヤーが増え、競争も激化しています。「王者インテル」はその中でどう戦いますか。

確かにわれわれはパソコンやサーバーなどのCPUで高いシェアを握っている。だが、他の分野にもっと伸ばしていかなければいけない。

2024年の潜在的な半導体市場はパソコンやサーバー以外のIoTやネットワーク、コミュニティーの分野に広がり、最大30兆円になるとみている。(インテル米本社CEOの)ボブ・スワンはこの30兆円の市場こそがインテルが次に向かう道だと言っている。裏を返すと、それだけビジネスの機会があるということだ。だから、王者という言い方はわれわれ自身はしない。

**——株式時価総額ではエヌビディアに逆転されました。**

半導体市場が評価されているというのはいいことだ。（エヌビディアによる）アームの買収もビッグニュースになるわけで、資本市場からの半導体市場への期待は非常に大きい。われわれも期待に応えなければいけない。

**——具体的にはどういう分野を攻めていきますか。**

将来は「データセントリック」な社会の基盤づくりが重要だ。データの価値を引き出す製品やサービスをどう生み出すかの勝負になる。いちばんの例は（インテルが17年に約1兆7000億円で買収した）モービルアイ（イスラエル）だ。大量のデータが必要となる自動運転関連のＭａａＳ（モビリティ・アズ・ア・サービス）で強みを発揮できるだろう。

データ社会はパソコンやサーバーだけでは実現できない。メモリーやソフトウェアも含めた最適な組み合わせでの技術開発が必要だ。それをさまざまな分野の顧客にトータルのソリューションとして提供していきたい。

## ムーアの法則は継続する

――インテルは最近、微細化技術で苦労しています。創業者の一人であるゴードン・ムーア氏が唱えた「半導体の集積率は18カ月で2倍になる」というムーアの法則は限界でしょうか。

プロセスの設計手法はまだ追究する部分がたくさんあり、ムーアの法則は継続すると思っている。今後も投資を続けていく。

――米アップルがパソコン「Mac」のCPUをインテル製から自社製の「アップルシリコン」に切り替えます。どう受け止めますか。

ただの1つの事象にすぎない。その時々に適切なパートナーがいて、変にどこかに依存しすぎないほうが会社としては強くなる。インテルはほぼ全産業に関わる。自社製品を売るためだけでなく、中立性を持った「トラスティッドアドバイザー」として企業がどう伸びるか、産業がどう変革するかということをパートナーと一緒に話す。アップルとも継続的にいろいろなことをやっていく。

## ——半導体市場はどのように成長していきますか。

新型コロナ下でデジタル化の必要性について潜在的な需要が喚起された。世界のデジタルデータ生成量は、2013年から23年までで年平均25％増加するとわれわれは予想している。エッジからサーバー、クラウドまでどの分野でも半導体は欠かせない。短期の踊り場があっても、今後5年から10年で考えれば間違いなく成長していく。

**鈴木国正（すずき・くにまさ）**
1960年生まれ。84年横浜国立大学経済学部卒業後、ソニー入社。ソニー・コンピュータエンタテインメント副社長などを経て、2018年から現職。

## 今さら聞けない半導体の基本

半導体関連のニュースが増えている。そもそも半導体とは何か。知っておくべき基本中の基本をQ&A形式で解説した。

### 【Q1】発明されたのはいつ?

基礎となっているのは1947年に米ベル研究所で発明されたトランジスタだ。トランジスタは電気を通す導体と、電気を通さない絶縁体の中間の性質を持つ物質である「半導体」で作られ、電気信号の増幅やスイッチの機能を持つ。当時レーダーやコンピューターなどに用いられていた真空管と比べて小型で耐久性に優れていたため、真空管に代わる電子素子として普及した。

１９５９年には米テキサス・インスツルメンツなどがトランジスタやコンデンサー、抵抗などの素子を１つの基板（チップ）上に配線などでまとめたＩＣ（集積回路）を発明。その後電子回路の集積化が進み、７０年代には１つのチップに１０００個以上の素子を形成したＬＳＩ（大規模集積回路）が発展した。半導体は半導体素子やＩＣなどのことを総称することもある。現在、ＬＳＩは半導体の７０％以上を占めている。

## 【Q２】 材料には何が使われている？

半導体チップの材料には、主にシリコン（ケイ素、Ｓｉ）が使われている。シリコンは土や石の中に多く含まれ、地球上で酸素の次に多く存在している元素だ。シリコンウェハー（半導体チップに使われる円盤状のシリコンの板）は、９９・９９９９９９９９９％（イレブンナイン）以上のシリコンの純度を持つ。さらに、直径３００ミリメートルのシリコンウェハーを東京ドームの大きさまで拡大しても表面の凹凸が０・１ミリメートル以下という平坦度も求められる。

「前工程」と呼ばれる加工工程ではシリコンウェハーの表面に金属などの薄膜を形

成する成膜、回路パターンを光で焼き付ける露光、不要な部分を削り落とすエッチングなどの工程を何度も繰り返し、電子回路が形成される。また「後工程」と呼ばれる組み立て工程ではシリコンウェハーが四角いチップに切り分けられ、セラミックや樹脂などのパッケージに封入される。

半導体チップの新材料では、SiC（炭化ケイ素）やGaN（窒化ガリウム）などの化合物半導体が注目されている。これらはシリコンよりも電気を通しやすく電力損失を削減できることから、パワー半導体などでの活用が期待されている。

## 【Q3】どんな種類がある？

数万種ある。例えば、記憶の役割を担うメモリーでは通電中のみデータを保存するDRAMと、電源を切ってもデータを残せ、高速で読み書きができるNAND型フラッシュメモリーが知られている。計算機能を持つロジックにはコンピューターの頭脳を担うCPU（中央演算処理装置）などがある。

ほかにも、光を電気信号に変換し、目のような機能を持つイメージセンサー、電力の制御や供給を行い、人間の心臓に当たるパワー半導体、照明等に使われるLED（発光ダイオード）などがある。

## 【Q4】スマートフォンにはいくつ入っている？

スマホに搭載されるチップに集積されるトランジスタの総数は数十億個に及ぶ。例えばCPU、DRAMとNAND型フラッシュなどのメモリー、イメージセンサーのほか、Wi-Fiやブルートゥースなどの通信機能、タッチパネルや指紋認証などにも半導体が使われている。

80年代以降、パソコンが半導体産業の技術や需要を牽引してきた。一方、近年はスマホの需要が拡大し、通話以外にタッチパネルや動画の再生などさまざまな機能が不可欠となり、半導体の開発競争もスマホ向けが焦点となっている。

## 【Q5】ファブレス、ファウンドリーとは？

ファブレスとは製造工場を持たずに開発と設計のみを行うこと、ファウンドリーとは自社ブランドの製品を持たず、製造の前工程を受託することを指す。自社で最小限の製造を行いながら、一部の製造を外部に委託することはファブライトと呼ばれる。

従来、半導体業界は開発、設計から製造まで自社で行う垂直統合型が主流だった。しかし、製造技術が高度化するにつれ、つねに最先端の製造装置で大量に生産する体制を整備するためには莫大な設備投資が必要となった。そこで80年代後半以降、巨額投資を必要とする前工程を中心に委託生産する水平分業型への転換が進んだ。

水平分業型ではファブレス企業は製造工程での設備投資リスクを負わず、ファウンドリー企業は多くの企業の製品をまとめて生産するため製造コストを下げられるというメリットがある。

■ 製造の外部委託が進んできた —半導体産業の業態の変化—

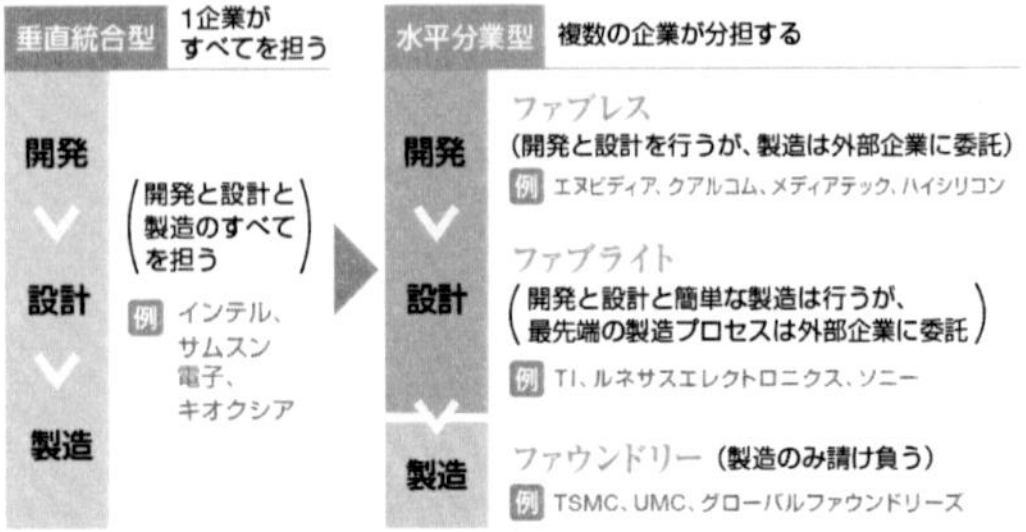

## 【Q6】技術進化のポイントは?

チップに書き込まれる回路設計の線幅を狭くする微細化技術によって回路を小さくし、多くのトランジスタを集積することで性能を向上させてきた。微細化は1ナノメートル単位(1ナノメートルは人間の髪の毛の太さの10万分の1)で行われる。チップの最小加工寸法は「プロセスルール」と呼ばれ、一部ではプロセスルールが5～7ナノメートルの最先端品の量産が進んでいる。

1965年に米インテルの創始者の一人であるゴードン・ムーア氏が提唱した「半導体の集積率が18カ月で2倍になる」という経験則を「ムーアの法則」という。半導体の集積度はムーアの法則に従って指数関数的に向上してきた。

微細化技術の要は、ウェハーに回路を描く露光装置だ。現在主流となっているのは波長が193ナノメートルのArF(フッ化アルゴン)を光源に利用した装置。だが、露光を繰り返さなければ7ナノメートル以下のプロセスルールには対応できない。

そこで注目されているのが、波長が13ナノメートルと短いEUV(極端紫外線)を使用した露光装置だ。オランダのASMLが世界で唯一EUV露光装置を量産している。

一方で、立体的に素子の配置や配線を積み上げることで高集積化・高機能化を行う積層化も進められている。

## 【Q7】スーパーサイクルとは?

半導体産業は60年代頃から「シリコンサイクル」と呼ばれる3~5年周期で好不況を繰り返す景気サイクルが続いている。とくにメモリーの変化が激しい。

例えば、新製品の販売などで需要が供給を上回ると、定価がなく相場で決まる半導体価格は上昇。各メーカーは一斉に設備投資を行うが、半導体は初期投資が巨額であるため、各社は生産ラインをフル稼働させ1製品当たりのコストを下げようとする。そのため、製品在庫が滞留し供給過剰になってもすぐに生産調整を行うことが難しく、価格が大きく低下。各社の収益性が悪化するという仕組みだ。

これに対して、昨今はIoTやAI、自動運転、5Gなど半導体の用途が広がったことで、半導体市場が周期を越えて長期的に継続成長していく「スーパーサイクル」

論が唱えられている。
２０１７～１８年前半にはデータセンターやスマホ向けメモリーが爆発的に伸び、スーパーサイクルの到来が期待された。ただ、１８年末には市況は急速に悪化。スーパーサイクルの有無は、いまだ議論が分かれている。

（田中理瑛）

## 資金調達力でつまずいたキオクシア上場

土壇場の上場見送りだった。半導体メモリーの一種「NAND型フラッシュメモリー」で世界2位のキオクシアホールディングスは9月28日、10月に予定していた東京証券取引所への新規上場を延期すると発表した。関係者によると、上場延期が決まったのは前日の27日。翌28日が発行価格の決定予定日だったことを考えるとぎりぎりのタイミングだ。

キオクシアは不正会計問題などで経営危機に陥った東芝から虎の子だったメモリー事業を分社化して発足。2018年に米投資ファンドのベインキャピタルや韓国半導体メモリー大手SKハイニックスなどの日米韓連合に約2兆円で売却され、東芝もキオクシア株を約4割保有している。

キオクシアは上場延期理由を「最近の株式市場の動向や新型コロナウイルス感染の再拡大への懸念」と発表。直後の報道では米国による中国ファーウェイへの輸出規制が9月15日に開始されたことによる業績悪化懸念が指摘された。

ただ、キオクシアのファーウェイ向け販売額は決して多くはない。上場に向けて提出された有価証券報告書によると、20年3月期の売上高で10%以上を占めたのは米アップルと米ウエスタンデジタル向けのみ。ファーウェイの記載はなく、アップル向け比率の23・8%という高さが際立っている。

上場を延期したのはむしろ、売り出し時に十分な買い手がつかず、株価が下がってしまうことへの懸念が主な理由だ。実際、8月に発表した当初の上場計画では想定発行価格は1株3960円。だが、投資家の反応が悪く、9月17日に決定した仮条件では1株2800~3500円まで引き下げた。

それでも販売状況は芳しくなかった。ある個人投資家は「普段あまり付き合いのない証券会社から営業の電話がかかってきた。現場は苦労していたのだろう」と話す。

当初計画では時価総額が約2兆1300億円に上り、20年最大の新規株式公開(I

PO）になるはずだった。だが、8月の計画段階ですでに苦境の一端が現れていた。

IPO時にベインなどによる特別目的会社、東芝、HOYAの3社がそれぞれ持ち株の一部を売却するが、新株発行に伴う調達額は800億円程度にとどまる。

上場の狙いは資金調達の多様化にほかならない。銀行借り入れだけでなく、市場からも資金調達しやすくすることで、今後の成長投資に充てることが目的のはずだ。

とくに半導体は莫大な投資がかかる装置産業だ。キオクシアは年間数千億円規模の設備投資を継続しており、現在も主力の四日市工場（三重県）に続く第2の生産拠点として、北上新工場（岩手県）の整備を進めている。さらに四日市でも新たな生産棟の敷地を造成中だ。そもそも今回のIPOによる調達額は桁が1つ小さい。

中途半端な計画だったのは、多数の新株発行による株価下落や希薄化をベインや東芝が懸念したからだという指摘は少なくない。東芝メモリ設立時の複雑な経緯から競合のSKも間接出資しており、このSKの持ち分は今回の上場時に売り出されない。IPO後も複雑な資本関係は大きく解消されないままだ。

## 汎用品中心で競争激しく

もっともメモリー市況の環境や業績見通しは足元で悪くない。

キオクシアが展開するＮＡＮＤはスマートフォンなどのデータ保存に広く使われている。ＮＡＮＤを使ったＳＳＤは、ハードディスクドライブ（ＨＤＤ）と比べて小型で高速なやり取りが得意だ。価格はまだ高いが、データセンターやパソコンでもＨＤＤからの置き換えが進んでいる。ソニーが１１月に発売するゲーム機「プレイステーション５」にもＳＳＤが初めて搭載されるなど、今後も需要拡大が有望視される市場だ。

だが、ＮＡＮＤはデータセンターやスマホに大量に使われる一方、特定用途にカスタマイズされる余地が少なく、価格競争にさらされやすい汎用品だ。そのため市況によって業績が大きく上下する。

足元のＮＡＮＤ価格は２０年に入って需給が引き締まっている結果、下げ止まり、キオクシアの営業損益も前期の赤字から２１年3月期は数百億円規模の黒字に転じる見通しだ。

一方、わずか1年前となる19年は、半導体メモリー業界のそれまでの旺盛な投資による供給過剰が発生。NAND価格が下落して不況だった。業界首位の韓国サムスン電子を含めた各社が大きく利益を減らし、キオクシアも19年4～6月期に988億円という巨額の営業赤字を計上している。

それだけ体力勝負を強いられる業界といえる。逆に体力のあるサムスンなどの大手が採算度外視の量産を意図的に行い、ライバルを追い詰めることも少なくない。実際、キオクシアは19年にサムスンの攻勢を受け、製造原価が売上高を上回る原価割れの事態にまで追い込まれていた。

NANDと双璧をなす半導体メモリーの一種「DRAM」でも構図は同じだ。日本唯一のメーカー、エルピーダメモリが体力勝負に敗れ、13年に米マイクロン・テクノロジーの傘下に入ったのが象徴的だ。その結果、上位3社による寡占状態になったDRAMは現在、価格低下が起きてもある程度の利益が取れる水準に調整されている。

一方、いまだ競合がひしめくNANDはまさにこれから生き残りをかけた戦いが始まる。

NANDは現在、大手5社がシェア9割を占める。その中でキオクシアは2位と好位置にあり、3位のウエスタンデジタルとも四日市と北上の国内工場を共同で運営。両社は設備投資や研究開発について20年以上コストを分け合っており、競争力の面では事実上一体とみることもできる。2社を合わせればシェアでは首位サムスンに匹敵する。

ただ、サムスンばかりでなく、マイクロンやSKなど4位以下のライバルはNANDだけでなくDRAMも手がけており、企業規模ははるかに大きい。メモリー半導体を2種類持つことで業績への影響を抑えられ、「NAND一本足打法」のキオクシアはその分リスクが高いといえる。

■ NAND型フラッシュメモリー世界シェア（2019年）

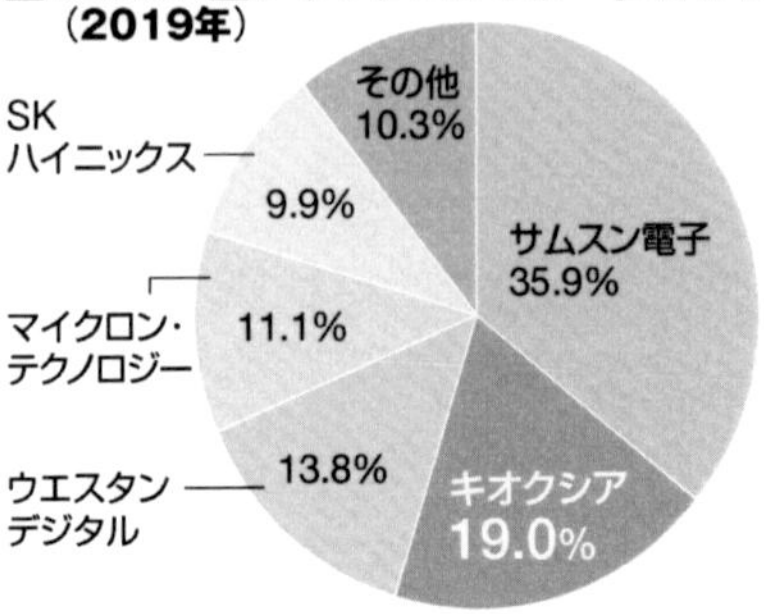


（出所）オムディア

■ メモリー価格は下げ止まって、横ばいが続く

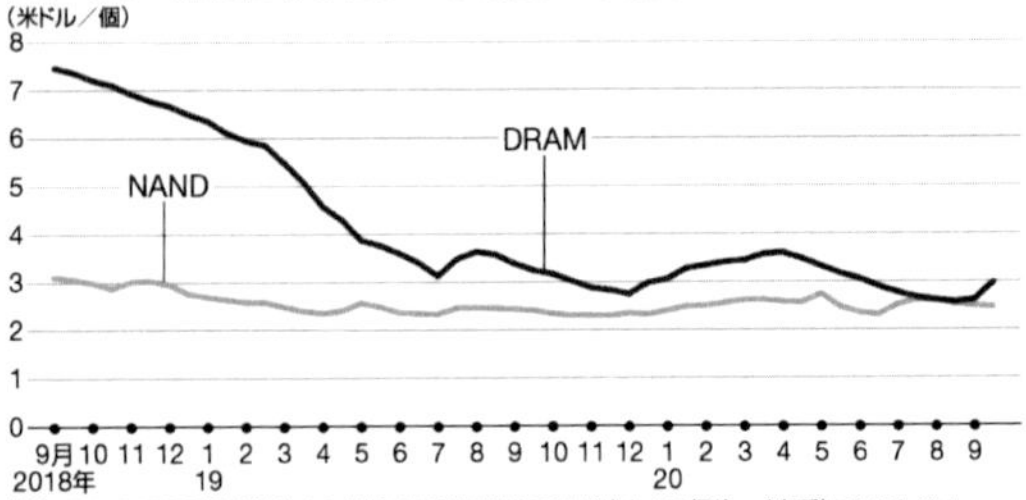


（注）DRAMはDDR48ギガビットの価格。NANDはMLC64ギガビットの価格　（出所）DRAMeXchange

## 中国新興勢も追い上げ

中国勢の追い上げも激しい。2020年に入って、中国紫光集団傘下の長江存儲科技（YMTC）がNANDの最先端品となる「128層」の開発に成功したと発表した。NANDでは記憶容量の拡大に向けて、記憶素子を積層していく競争が激しくなっている。キオクシアは112層の量産に入ったところであり、新たなプレーヤーの出現は脅威だ。

現在のキオクシアの舵取りは、20年1月に社長に就任した早坂伸夫氏が担う。早坂氏は病気で退いた成毛康雄前社長から緊急的に引き継いだが、もともとは技術畑。経営面で力不足との指摘もある。

大株主のベインや東芝のサポートもカギを握るが、東芝はキオクシアの経営に関与する意思がないことを表明。ベインも半導体企業の専門的な知見が豊富とはいえない。ある関係者は「ベインはキオクシアの価値向上ができていない。そのツケが上場延期につながったのではないか」と指摘する。

もっとも世界では米中が国の威信をかけて自国の半導体産業を支援するなど巨額マネーが動く。日本政府も近く新たな半導体戦略を策定し、〝半導体強国ニッポン〟への新たな道筋を示す方針だ。

日本の半導体業界はかつて世界市場を席巻したが、海外勢に押されて衰退。キオクシアはソニーやルネサスエレクトロニクスと並んで、今でも世界と戦える数少ないビッグプレーヤーだ。そもそもＮＡＮＤを世界で初めて開発したのもキオクシアの前身である東芝だ。

キオクシアをめぐる関係者の思惑が交錯する中、足並みをそろえた機動的な意思決定ができるのか。上場延期は、くしくも多くの問題を露呈させている。

（高橋玲央）

次世代車向け半導体開発で合弁

## トヨタ・デンソーが総力戦

世界のモビリティに革新を与える半導体の開発を行い、未来を進化させていく――。こんな大きなミッションを背負い、2020年4月に始動したのがミライズ テクノロジーズだ。

次世代車載半導体の研究開発を行う新会社で、出資比率はトヨタ自動車が49%、デンソーが51%。デンソーの先端技術研究所(愛知県日進市)の中に主力拠点を構え、2社から出向した250人ずつが働く。自動車業界では自動運転や電動化など「CASE」と呼ばれる次世代技術が台頭。「CASEの技術革新では電子部品が重要なカギを握る」というトヨタの豊田章男社長の強い問題認識が、ミライズの発足につながった。

新会社が得意とするのが、電力変換や電力制御に使われる「パワー半導体」。ハイブリッド車（ＨＶ）の中核部品であるパワーコントロールユニット（ＰＣＵ）などに多く用いられ、ＨＶや電気自動車（ＥＶ）の燃費（電費）性能を左右する電子部品だ。トヨタのＨＶの燃費性能は世界トップだが、ＰＣＵに搭載されるパワー半導体の性能にもその一因がある。

これまでトヨタグループでは、デンソーとトヨタがそれぞれパワー半導体の開発・製造を手がけてきた。トヨタは、サプライヤーによって技術や部品原価がブラックボックス化されることを嫌う。そのため、デンソーだけに任せることはせず、あえて両者が競い合うことでパワー半導体の性能やコスト競争力を高めてきた。

だが今回、ミライズの設立と時期を同じくして、トヨタの広瀬工場での半導体・電子部品の生産はデンソーに移管され、その量産開発もデンソーに一本化された。

「電子部品にすべてをかけてきたデンソーを〝ホーム〟にすることで、トヨタグループの新たなクルマづくりへの道が開ける」。豊田社長はそう語り、トヨタの半導体事業をデンソーに集約することで、グループ全体の競争力を引き上げたい考えだ。

従来の体制を変えざるをえない事情もあった。デンソー出身の川原伸章・ミライズ取締役は「CASE対応で必要な電子部品、半導体がどんどん増えて、先行開発の負担が重たくなっていた」と明かす。年間1・1兆円を研究開発に投じCASEの全領域に取り組むトヨタも状況は同じ。米グーグルなどIT勢との競争も激化する一方で、もはや身内で競い合う暇などなく、重複領域の解消は必然だった。

## ■デンソーが半導体開発をリードする
### —トヨタグループの半導体事業の再編—

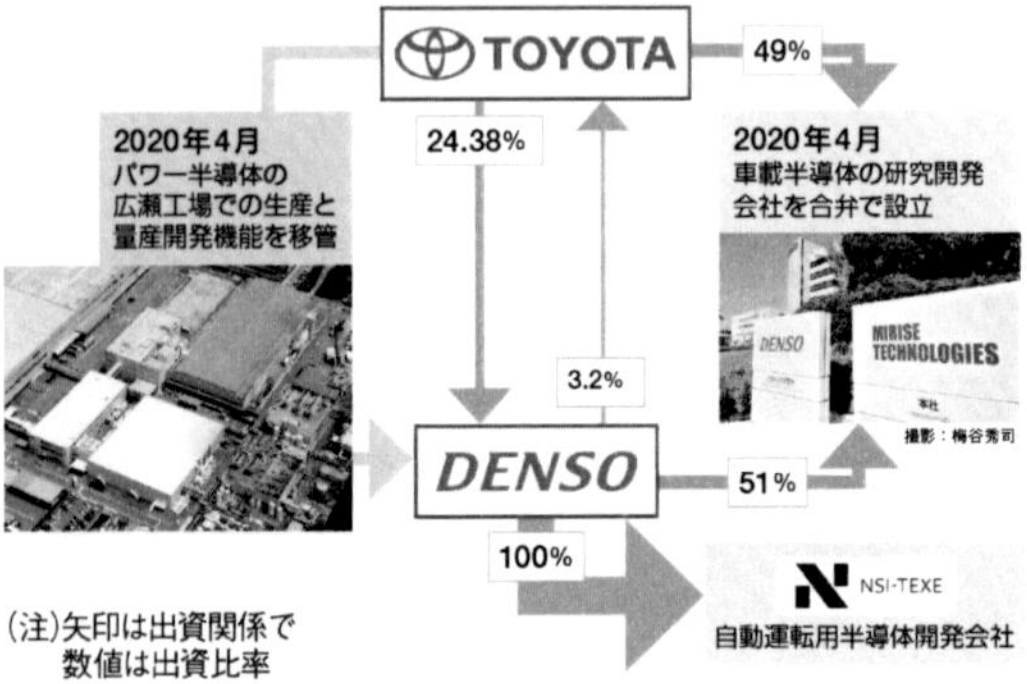

## パワー半導体に商機

ミライズは半導体の材料開発も行い、シリコンと炭素で構成される新たな半導体材料であるＳｉＣ（炭化ケイ素）の実用化を目指している。ＳｉＣは電力の変換効率が既存の材料よりも高く、ＰＣＵ用のパワー半導体に採用できれば、ＨＶの燃費改善にもつなげられるという。課題である製造コストの低減を急ぐ。

自動車の電動化はトヨタグループにとっても一大商機だ。トヨタは１９年、ＨＶを中心とした電動化技術に関する特許の無償開放を発表。自社で技術を囲い込む戦略から、「システムサプライヤー」として電動化システムや技術を提供する戦略に転換した。その中には独自のパワー半導体を搭載したＰＣＵも含まれる。

トヨタの寺師茂樹執行役員は「（電動車の普及拡大により）ＰＣＵの市場規模は今後１０年で１０倍くらいになる」と話す。ＰＣＵの外販が増えれば、スケールメリットが効き、トヨタ車にも安く搭載できるため、いいことずくめだ。

電動化と並ぶミライズのもう１つの柱が自動運転だ。自動運転用の各種センサーと

ＳｏＣを開発する。ＳｏＣは、センサーからの情報を基に判断や操作を行うソフトウェアを動かし、いわば自動運転車の「頭脳」に当たる。ＳｏＣを手がけてきたデンソーは大型投資が必要な詳細設計は行わず、半導体ベンダーに車載向けの仕様を提示し製造を委託しており、この流れをミライズも引き継ぐ。

デンソーには、半導体の演算能力や発熱への対応など車載向けＳｏＣの品質について豊富な知見がある。しかし、自動運転のソフトウェアは将来的に通信による拡張も想定されるだけに、技術の進化を織り込んだ仕様設計は難しくなる一方だ。そこでトヨタが持つ自動運転技術の知見を掛け合わせ、自動車業界が求めるＳｏＣの「目利き役」を目指す。

「オーバースペックなＳｏＣでは高価すぎて、量産車に搭載できない。『必要十分』な機能を持つＳｏＣを量産車に早く搭載するうえでも、ミライズには大事な役割がある」（トヨタ出身の橋本雅人・ミライズ取締役）

トヨタは20年冬日本で発売するレクサスブランドの旗艦車種「ＬＳ」の新型車に、高速道路の入り口から出口まで自動運転する技術を初めて搭載する。2020年代前半の一般道での自動運転実現も掲げる。安全面での技術的な進化は必須として、ゆくゆくは一般消費者の手に届く価格も実現しなければならない。ミライズはトヨタが将来投入する自動運転車の命運を握っている。

（木皮透庸）

## 装置と材料に強い日本勢

半導体を造るには基板となるシリコンウェハーの形成から、チップの切り出し・検査まで実に400~600もの長い工程がある。ナノメートル(ナノは10億分の1)級の超微細加工を実現するため、高い専門技術力が求められ、多岐にわたる各工程には必要な製造装置や材料を供給する企業がそれぞれ君臨している構図だ。

半導体そのものでは海外勢に押されて、かつての勢いがなくなった日本企業だが、製造装置や材料分野で見ると景色が一変。米調査会社VLSIresearchによると、製造装置メーカーの世界売上高トップ15に日本メーカーは過半となる8社がランクインしている。最先端の高性能半導体は多くの日本企業による貢献がないと作れない状況なのだ。

# シェア首位の日本メーカーが多数

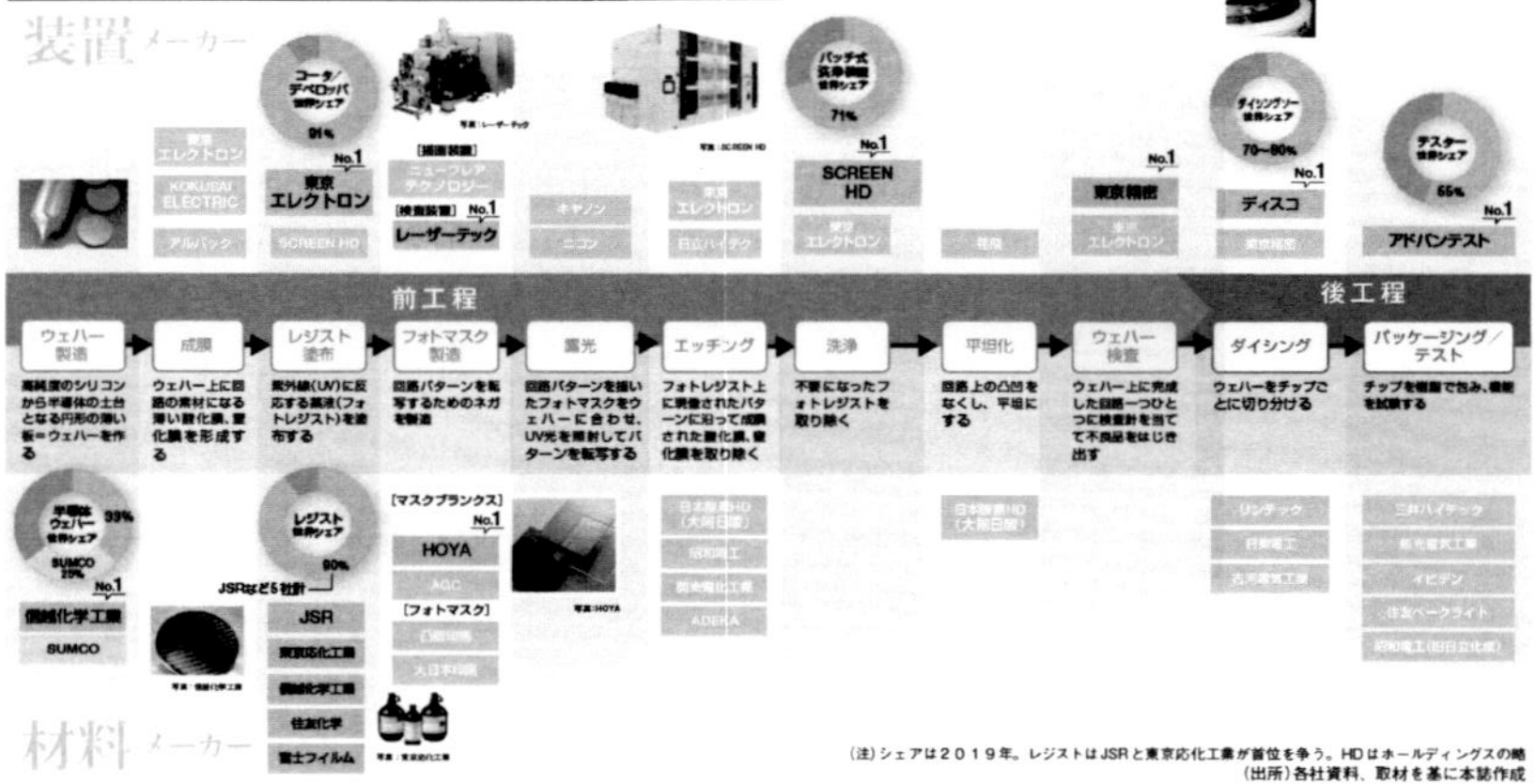


(注)シェアは2019年。レジストはJSRと東京応化工業が首位を争う。HDはホールディングスの略
(出所)各社資料、取材を基に本誌作成

## ＥＵＶ関連を伸ばす日本

半導体の技術革新で、現在最も重要なのはＥＵＶ（極端紫外線）露光だ。ＥＵＶ露光は線幅を細くしてチップ当たりの回路を増やす微細化を進めるために欠かせない技術。露光工程の装置だけではなく、感光剤であるレジストや、その塗布、露光後の不要物除去といった周りの工程にも影響を及ぼしている。

ＥＵＶ関連で大きく業績を伸ばした装置メーカーがレーザーテックだ。回路パターンを転写する原版（フォトマスク）とその原料であるマスクブランクスの検査装置を造っている。中でもマスクブランクス検査装置はシェア１００％だ。

ＥＵＶ関連装置は2台で８０億円と超高額で、直近2年間で売上高は倍増し、営業利益も3倍になっている。東京エレクトロンもレジストの塗布・現像に使うコータ／デベロッパで、ＥＵＶ露光ライン向けにシェアを独占している。

装置だけではない。日本勢は材料でも高いシェアを握っている。半導体の土台となるシリコンウェハーは信越化学工業とＳＵＭＣＯで世界シェアの過半を占有。圧倒的な技術力を誇り、先端品向けで見れば、この2社の独壇場だ。レジストでも日本勢が合計9割のシェアを持っており、中でもJSRや東京応化工業が市場を牽引する。

日本が強い競争力を維持できる背景には高い参入障壁がある。開発には長い時間と多額のコストがかかるため、顧客である半導体メーカーと二人三脚で開発に取り組まなければならない。半導体製造の過程には機密情報が盛りだくさんだ。ハイテクであるものの、装置のささいな調節で歩留まりや品質が大きく変わることも多い。「技術者の離職が少なく、秘密も守る。顧客の要求に粘り強く寄り添うのが日本企業は得意だ」。あるメーカー幹部はそう解説する。

その傾向にEUVなどの最近の技術進化でさらに拍車がかかった。レーザーテックの岡林理社長は「EUVは開発を始めたとき、実を結ぶ保証のない賭けのようなものだった」と振り返る。成功の保証がなく、顧客が導入する確信もない中で技術開発に新規参入するのは難しいが、「顧客とロードマップを共有し、一緒にやってきたという信頼が強みだ」と、東京エレクトロンの河合利樹社長は言う。

新型コロナウイルス感染拡大によるテレワークや非接触の増加からデータセンター

やPC向け半導体は好調だが、あらゆるものに搭載されるという性質上、自動車や産業機器など向けに使われる半導体は決して好調とは言えない。

にもかかわらず、装置・材料各社は今期も順調な成長を見せる。東京エレクトロンは2021年3月期に1兆2800億円という過去最高の売上高を計画。東京応化工業も2020年12月期に過去最高益を見込んでいる。

好調の要因はこれまで見てきた高単価で好採算である先端品の需要増加が大きい。装置は一度購入すると長く使用され、新規販売は日本勢が得意とする先端向けがほとんどだ。日本メーカーの多くは海外売上高比率が8割を超えているが、先端向けの開発や生産の中心は日本国内。東京エレクトロンやディスコは国内工場を新たに拡張して需要増に対応する。

半導体業界の先端品開発は今後も続く。とくに5Gの普及により、高性能のCPUや通信チップに対する要求が高まっている。そこで先頭を走っている米インテル、台湾TSMC、韓国サムスン電子の半導体世界ビッグ3が設備投資を競っており、その恩恵にうまくあずかっているのが日本勢だ。製造装置を供給する東京エレクトロンは

20年3月期にビッグ3への売上高が約半分を占めるまでになっている。その流れは今後も変わらないだろう。

## 懸念は米中貿易摩擦

一方、懸念要因は米中貿易摩擦の行方だ。20年9月15日に中国通信機器大手ファーウェイに対する汎用半導体の輸出が制限された。さらに中国の受託製造最大手SMICも10月4日に米政府から輸出規制を受けていると明らかにした。

こうした事態に対して、日本の製造装置や材料メーカーからは悲観的な声はほとんど聞かれないが、ファーウェイはTSMCから多くの半導体を購入している。TSMCの9月売上高は前年同期比約25%増と好調だったものの、規制によって今後業績が悪化することになれば、TSMCを得意先とする日本勢にとっても対岸の火事ではなくなる可能性がある。

半導体はもはや国家間の戦争になっており、19年7月に実施された日本政府による韓国向け輸出管理規制強化では、軍事転用可能な一部の先端レジストやフッ化水素など3品目の輸出が難しくなった。いずれも日本勢の世界シェアが圧倒的に高い半導体材料だ。これをきっかけに韓国では半導体材料を自国で生産しようという動きが活発化している。日本の技術的優位は揺るがないものの、じわじわとシェアが低下する傾向が見られるという。

半導体業界への参入は容易ではない。ただ技術の進歩が早いのもこの業界の特徴だ。東京エレクトロンの河合社長は「開発の手を1年でも止めたら致命傷になる」と指摘する。将来も日本勢が地位を守れる保証はないという危機感は各社に共通しているようだ。

（高橋玲央）

## 転落するキヤノン、ニコン

半導体露光装置を製造するキヤノンとニコンが苦境に立たされている。2000年代までは日本のこの2社で合計約8割のシェアを占めてきたが、その後に激減。現在は蘭ASMLがシェア8割を握り、完全に逆転した。

ウェハーに回路を焼き付ける半導体露光装置は、光源から発する光の波長を短くすることで半導体の微細化を実現してきた。そんな中、ASMLは波長が非常に短い次世代のEUV露光装置を量産する唯一の企業だ。

EUV露光装置は細い線幅の回路を一度に焼き付けることができ、最先端のロジック半導体やDRAMの製造にまで使用されるようになっている。顧客にはファウンドリー大手の台湾TSMCや韓国サムスン電子などがおり、主要各社が1台100億円以上する高価なEUV露光装置の入荷を待っている状態だ。最先端の5ナノメートル以降の微細化の実現に欠かせない装置だからだ。

一方、ニコンは当時の牛田一雄社長が「EUVはコンコルド（超音速飛行を実現したが商業的に失敗した旅客機）。スジの悪い技術だ」と指摘。性能は高くてもコストがかかるEUVは普及しないとみて、開発競争から撤退した。キヤノンはASMLとは異なるアプローチで微細化を実現するべく「ナノインプリント」技術の開発を進めているが、需要は鈍い。

ASMLは半導体露光装置の製造を目的に蘭フィリップスとウェハー処理装置を祖業とする蘭ASMインターナショナルの共同出資により1984年に誕生。キヤノンとニコンが露光装置で席巻していた中で新参者だったが、ASMLは1997年にいち早くEUVの研究に乗り出す。一時は光源出力の弱さを解決できず実用化が進まなかったが、2006年に試作機を開発。17年ごろから本格的に生産を開始した。

写真：ASML

1台100億円以上するASMLのEUV露光装置

## ■ ASMLがキヤノン、ニコンを圧倒
―各社の半導体露光装置の売上高と年間販売台数―

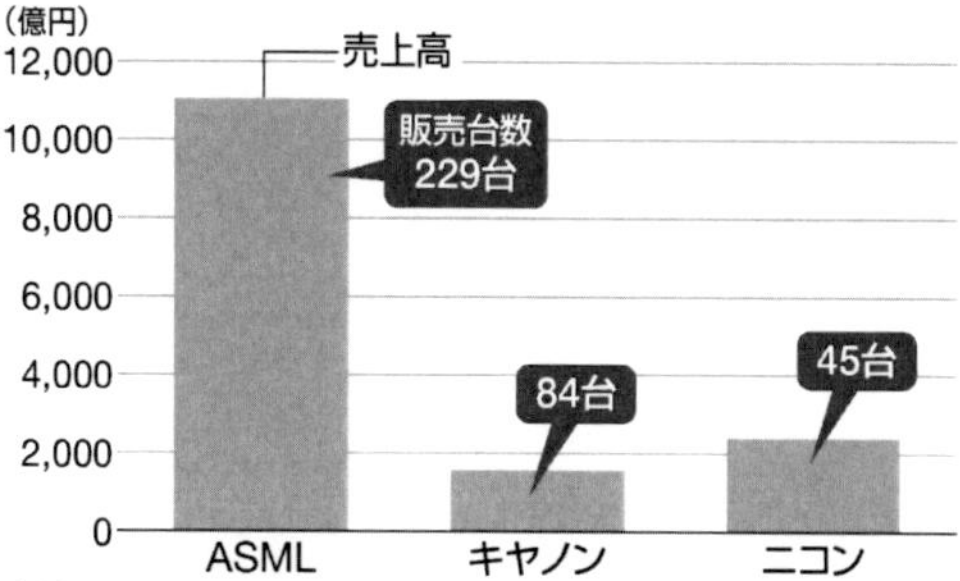


(注)ASMLの売上高は装置販売のみ、キヤノンとニコンはサービス、FPD露光装置も含む　(出所)各社決算資料を基に本誌作成。ASMLとキヤノンは2019年12月期、ニコンは20年3月期

## こだわった部品内製化

莫大な開発資金と時間を必要とするEUVをASMLが実用化できた背景には、オープンイノベーション方式の採用が大きい。

キヤノンとニコンが部品の内製化やすり合わせ技術にこだわってきた一方、後発だったASMLはEUV研究を世界中の企業やベルギーの研究機関IMEC(大学際微細電子工学中央研究団)と行い、外部の技術を積極的に取り入れてきた。さらに顧客から出資を募る協力体制を構築することで莫大な開発資金を得るとともに、顧客のニーズをくみ取ってきた。

現状、EUV露光装置はスマートフォン向けなど最先端半導体の生産にのみ使われており、半導体すべてに使用されているわけではない。半導体製造で後れを取る中国などでは前世代の露光装置が必要とされている。そのため、キヤノンとニコンの露光装置にも一定の需要は残されている。

しかし、ASMLは顧客とともにさらなる微細化の研究に取り組んでいる。両社が生き残る余地は市場にいつまであるだろうか。

(大竹麗子)

## 【レーザーテック】ＥＵＶ露光検査装置は今後も引き合い強い

レーザーテック　社長・岡林　理

半導体の露光工程に使うマスク欠陥検査装置の分野で圧倒的なシェアを握るのがレーザーテックだ。

**――2020年6月期の営業利益は150億円と過去最高を達成し、2年前の約3倍に急増しています。**

世界で最先端技術のＥＵＶ露光装置向けの量産投資が強い状況にある。ＥＵＶ露光を行う過程で技術的に発展途上の部分があるため検査頻度も上がっており、当社の検査装置に対する引き合いもその分高まっている。５ＧやＡＩ、自動運転など最先端のデバイスを使う需要は多く、今後も中長期的に強い見通しを持っている。

――製造装置メーカーは多いですが、トップシェアを握る秘訣は。

グローバルニッチ戦略をとってきた。世界の半導体のリーディングカンパニーとニッチな分野で長年関係を築いている。そこで得た信頼を基に世界中の顧客が困ったときに一番に頼ってくれる会社を目指し、その期待に応えられるよう技術を磨いてきた。他社にないわれわれの技術を発揮し、社会に貢献することに努めた結果だ。

――EUV向けでも先頭を走れているのはそれが理由ですか。

そうだ。大企業は固定費がかさむため、大きな市場でないと参入しにくい。ペイしない規模の市場には挑戦すらできない。一方、われわれのような中小企業は少人数の開発グループで機動力を高め、小さい市場やペイするか未知数の市場にも挑戦できる。EUVはたまたま成功したが、何年か前は本当に成功するかわからなかった。そこをわれわれは狙った。

――顧客とのエコシステムが生かされたとも聞いています。

もともとＥＵＶ露光を推進するＥＩＤＥＣ（先端ナノプロセス基盤開発センター）という日本のコンソーシアムからＥＵＶ用の検査装置を開発してほしいと注文があった。そこにはＥＵＶ露光装置を活用する企業から半導体用材料メーカーまでＥＵＶに関わる企業が参加しており、それらの支援を受けることで検査装置を開発できた。

――ＥＵＶの次の目標は。

ＥＵＶは始まったばかり。ここで高まっていく技術的要求に応えることが大切。一方、半導体に限らず当社の強みが生きる分野はたくさんある。どこにでも挑戦したい。

岡林　理（おかばやし・おさむ）
１９５８年生まれ。８２年早稲田大学理工学部卒業後、外資系企業などを経て、２００１年レーザーテック入社。０９年から現職。

## 【SUMCO】コロナが下火になれば需要は爆発的に増える

SUMCO 会長兼CEO・橋本眞幸

半導体の基板材料であるシリコンウェハー。世界シェアで首位争いをしているSUMCOの強みは。

――シリコンウェハーの需要をどう見ていますか。

先端デバイス用の直径300ミリメートルウェハーの需要が伸びている。とくにリモートワークの普及でパソコン、データセンター向けが活況だ。スマートフォンは買い替え需要が落ちているが、ウェハーの使用量が多い5G製品が増えたことで、需要減少が抑えられている。一方、多品種に使われる直径200ミリメートル以下のウェハーはよくない。とくに自動車関連が想定より悪い。全体では2020年後半がボトムだと考えている。その先はコロナ次第だ。自動車もスマートフォンもいつかは買い替える必要がある。コロナが下火になれば爆発的に需要が増えていくだろう。

——業界はかつて供給過剰で苦しんだことがあります。今後はどういう方針で増産しますか。

増産ペースは今の市場シェアを維持する程度にする。先端品の生産に必要な新しい装置は必ず入れる。最初は歩留まりが悪いが徐々に上げていく。市場の伸びに合わせて量も増えていく。

——購買力平価GDP(国内総生産)に基づいて需要予測を行っているのが、ユニークです。

10年ほど前にわれわれのマーケティングチームが予測を定量化した。半導体の伸びは（最終製品である）民生の購買力に比例しているということだ。

5Gとテレワークの影響は購買力以上にウェハーの需要を伸ばす要因になるが、ずっと続くわけではない。購買力平価のカーブより大きく離れて伸びることはない。

**――シリコンウェハーの世界シェアは信越化学工業とSUMCOで半分以上を占めます。この構造は変わりませんか。**

シリコンウェハーのスペックは非常に厳しい。工程が多いうえ、工程間で粘り強くすり合わせをして微調整する必要があり、日本の我慢強さや利他的な特性が向いている。エンジニアを引き抜いたり、同じ機械を買ったりしても、長い間に集団で積み上げてきた技術は容易にまねできない。だから、先端領域になれば、信越化学との一騎打ちになるだろう。

**橋本眞幸（はしもと・まゆき）**
1951年生まれ。76年東京工業大学大学院修了後、三菱金属（現三菱マテリアル）入社。2012年SUMCO社長。16年から現職。

## 【SCREEN】米中摩擦で混乱してもすぐに穴は埋まる

SCREENホールディングス　社長・廣江敏朗

SCREENホールディングスは20年7月、新たな中期経営計画を発表した。過半数のシェアを握る洗浄装置の優位性をどう生かすのか。

**――新しい中期経営計画では、どのような成長を見込んでいますか。**

われわれのいる半導体前工程装置の世界市場は今後、年平均7％ずつ程度成長していくとみている。2019年の市場規模が555億ドルだったから、（中計最終年の）23年には650億ドルになる計算だ。これを前提に19年度に2300億円だった半導体製造装置の売上高を23年度には2800億～3000億円にしようという目標だ。

通常、中計期間は3年間だが、20年は新型コロナの影響を受けて4年間の計画にした。20年度の業績見込みは前年度比横ばい程度だが、もしコロナの影響がなければ半導体産業も装置産業ももっと上振れていた。

**――半導体の進化とともに製造プロセスも難しくなっていますが、チャンスになりますか。**

半導体は回路がどんどん複雑に幅が狭くなっている。高度な技術がないと回路パターンを壊してしまう。そのため難易度は上がっているが、われわれは顧客と共に開発しながら新しい世代の装置を投入できている。競合にとってはそこが参入障壁になっている。

われわれは、得意としている洗浄装置の中でも、とくにフロントエンドと呼ばれる工程が強い。ここに限っては8割くらいのシェアがある。今後はそれ以外でもシェアを獲得していきたい。最近も昇華乾燥やナノリフトといった新しい技術を発表した。これらは10年近く前から研究してきたもので、他社は容易には追いつけないはずだ。

――米中摩擦の影響はありますか。

現状はあまり出ていない。9月15日にファーウェイへの米国の規制が強化された後、台湾の受託製造会社TSMCの生産能力が過剰になることが心配された。だが、エヌビディアやAMD、アップルなどがファーウェイの抜けた穴を埋めている。その結果、むしろ半導体への設備投資は増えている。

――中国企業向けの装置販売は難しくなっていくのでしょうか。

将来の話はどうなるかはわからない。ただ言えるのは、米中摩擦でサプライチェーンに混乱が生じても、すぐに埋められるということ。半導体を使ったデバイスは必要で、今となっては昔には戻れない。

廣江敏朗（ひろえ・としお）
1959年生まれ。83年同志社大学工学部卒業後、大日本スクリーン製造（現SCREENホールディングス）入社。2019年から現職。

## 深刻化する米中対立の全貌

新型コロナ、香港、ウイグル、南シナ海――。米中間には多岐にわたる懸案が横たわっている。これらの米中の政治的な対立が最終的に両国の経済をデカップリングするとの懸念が高まっており、その事態は目前に迫っている。問題の核心はテクノロジーの覇権争いで、5Gなどのハイテク分野を支える最先端半導体をめぐる攻防が主戦場となっている。

2015年、中国政府は半導体の自給率引き上げなどを掲げた産業政策「中国製造2025」を発表。それから米国は中国のハイテク産業への規制を強化してきた。

オバマ政権時代の16年3月に中国の通信機器大手・中興通訊（ZTE）に輸出規制措置を発動。同年12月には中国ファンドによる独半導体製造装置会社アイクストロンの在米子会社の買収を阻止した。トランプ政権になってからもZTEへの追加規制や中国通信機器最大手のファーウェイへの規制本格化などが続いた。

米国が「中国製造2025」を警戒するそもそもの原因は習近平政権が進める「軍民融合戦略」と「智能化戦争」にある。前者は民間企業を含めた経済社会と軍事戦略を結び付けることで、後者はAIを活用することで米国との戦力差を縮めようとする試みだ。それぞれに「中国製造2025」が関係している、と米国は見なしている。米国の政官界では対中強硬策がコンセンサスだ。

トランプ前大統領は中国ハイテク企業への規制は貿易摩擦での交渉材料と考えていたため、必ずしも政官界の対中強硬色に染まっていなかった。19年5月のファーウェイへの規制では米国由来の製品やソフトウェアの合計金額が再輸出金額の25%以下の場合は対象から外れており、ファーウェイはその抜け穴を利用し半導体などのハイテク製品に必要な部品を調達し続けた。米国政府はこの抜け穴に不満を感じ、19年後半から幾度も規制を強化するとの観測が流れたがすぐには行われなかった。

## 中国の急所を突く規制

しかし、新型コロナウイルス大流行で支持率が急落したトランプ前大統領は中国への責任転嫁を含め、対中強硬策を前面に押し出した。5月と8月にファーウェイへの追加規制を相次いで発表。TSMCが供給する最先端品をはじめとした各種半導体をファーウェイが調達するすべを実質的に奪った。9月15日から世界の半導体製造各社はファーウェイへの輸出を停止した。さらに9月末には、米国政府は中国の半導体受託製造最大手の中芯国際集成電路製造（SMIC）への製造装置や材料の輸出も規制した。

「中国製造2025」で半導体自給率を高めようとしているように、中国は半導体需要を国内供給だけで満たせていない。製造技術も未熟で最先端品の調達や技術向上に必要な高度な製造装置は国外に依存している。

ただ、ファーウェイの子会社・ハイシリコンが持つ半導体の設計能力は世界的にも高水準だ。スマホで世界2位、通信基地局でトップシェアを誇り、5G通信でも世界をリードしようとしていたファーウェイ。それを支えていたのが、これら高度な技術水準だった。

また半導体の製造技術で後れを取っていた中国はSMICをテコ入れ。実際、TSMCなどがファーウェイへの出荷を止めることが判明した当初はSMICがファーウェイへの供給を増やすとみられた。一連の規制は世界の通信をリードする中国トップ企業と半導体強国を目指すための中心的な企業の2社を狙い撃ちし、中国ハイテク産業の急所を突こうとしたといえる。

ファーウェイの郭平・輪番会長は制裁発動後に「米国の制裁強化は生産と運営に大きな困難をもたらした」と語った。またSMICも「将来の生産や運営に重要かつ不利な影響が出る可能性がある」と認めた。現時点で米国による一連の規制は効果を上げている。

■米中ハイテク摩擦は周辺国にも影響

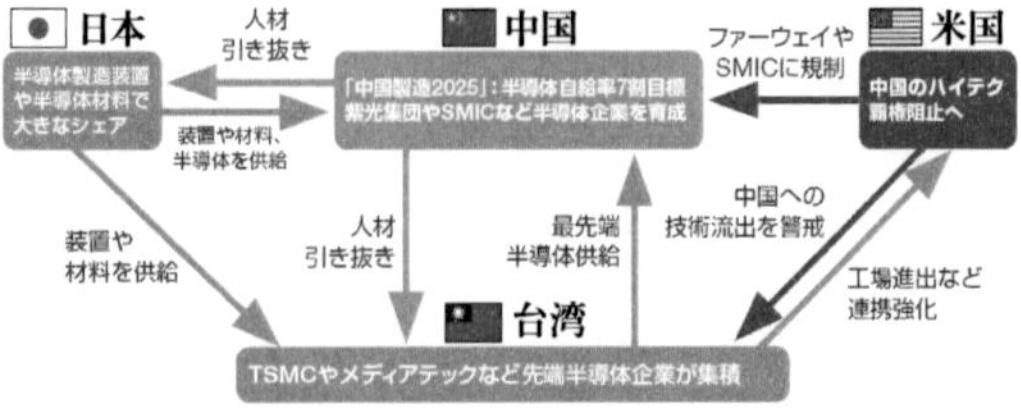
日本
半導体製造装置や半導体材料で大きなシェア
人材引き抜き
装置や材料、半導体を供給
中国
「中国製造2025」：半導体自給率7割目標
紫光集団やSMICなど半導体企業を育成
ファーウェイやSMICに規制
米国
中国のハイテク覇権阻止へ
装置や材料を供給
人材引き抜き
最先端半導体供給
中国への技術流出を警戒
工場進出など連携強化
台湾
TSMCやメディアテックなど先端半導体企業が集積

## 台湾問題にも飛び火

半導体の製造技術の未熟さを突きつけられた中国は、今後もさらなる技術向上に挑むとみられる。が、しばらく時間がかかるのは間違いない。その間、米中ハイテク摩擦で目先の焦点となるのが台湾だ。同地にはTSMCをはじめとする先端半導体企業が集積し、米中双方の顧客に製品を供給してきた。そして中国は長年、交流や技術者の引き抜きなどを通し、重要な技術の入手ルートとして台湾企業に接近してきた。

米国も台湾に急接近し始めた。20年8月以降、米国は国交がない台湾に相次いで高官を派遣。9月に訪台したクラック国務次官は中国を排除して米国中心のサプライチェーン構築を目指す「経済繁栄ネットワーク（EPN）」構想の旗振り役でもあり、経済安全保障における台湾重視を示した。

台湾側も米国政府の意向を受け止める。TSMCは米国に最先端工場を建設すると5月に発表。10月10日には蔡英文総統が双十節（建国記念日）の演説で「米国とハイレベルな経済対話を行い、グローバルサプライチェーンの再構築、技術協力、インフラなどの分野で協力していく」と語った。

一方で、米国は台湾政府との協力を演出しつつも警戒を怠らない。台湾政府高官は「台湾が技術漏洩の穴であると米国に思われてはならない。台湾の電子産業に対して米国は疑念を持っているはずだ」と話す。台湾企業もハイテク摩擦の最前線に位置していることを認識。社内で米中担当者を分けるのはもはやスタンダードとなった。

さらに悩ましいのは、台湾を自国の一部と見なす中国からの圧力強化だ。米国の台湾接近に中国は猛反発。台湾側の防空識別圏への戦闘機進入や台湾海峡での軍事演習など軍事的緊張も高まっている。ハイテク摩擦は火に油を注ぐことになりかねない。デカップリングだけでなく、武力衝突にまで波及するのか。半導体覇権争いは安全保障に直結している。

（劉　彦甫）

## 米中対立に巻き込まれる日本企業

米政府が中国通信機器大手ファーウェイに対する半導体の輸出規制を強化してから1カ月、同社は窒息状態に陥っている。同社のスマートフォンを受託製造する在中国の台湾系サプライヤー関係者は、すでに最先端半導体を使用する中高級機種を中心に生産は減っていると明かす。「生産調整しても（半導体の在庫がもつのは）半年。1年もてばいいほうだ」（同関係者）。

ファーウェイが通信機器の生産継続で綱渡りを強いられるのは半導体の調達や製造に要する技術を中国以外に依存していたからだ。同社のハイエンドスマホの心臓部といえる自社開発の半導体「麒麟（Kirin）」シリーズの多くはTSMCに製造委託。ほかにもスマホカメラではソニーの画像センサー、データ記憶装置ではキオクシアや韓国サムスン電子のメモリー半導体をそれぞれ使用している。

いずれの半導体企業も米国の輸出規制に従い、20年9月15日以降のファーウェイ向け出荷を停止した。

ファーウェイは米国にすり寄る姿勢も垣間見せる。ファーウェイの郭平・輪番会長は9月下旬に「クアルコム製のチップを搭載したスマホを喜んで生産する」と話した。ファーウェイは5G向け最先端半導体を設計・販売する米クアルコムの製品など米製品を多数使用していた。

またファーウェイの創業者、任正非CEO（最高経営責任者）も7月下旬に「われわれは米国を恨まない。（規制は）一部の政治家の問題であって、米社会を代表するものではない」と発言。米国が許容してくれる余地がないか見定めようとしているようだ。

ただ、ファーウェイの米国へのすり寄り策は奏功しそうにない。米国のファーウェイ制裁の狙いは米製品の使用比率を高めてもらうことにあるわけではなく、安全保障上の脅威となりうるハイテクの抑制にあるからだ。とくにファーウェイは中国のハイテク開発を主導していると見なされている。

ファーウェイがジリ貧になっている現状は米国の意図どおりだ。かつ中国がいまだに半導体の製造分野で後れを取っており、自給自足できないことを改めて証明した。

## 高性能部品ほど厳しい

一方で、半導体各社はファーウェイとの取引再開を目指している。ソニーやキオクシアなど日系メーカーは米商務省にファーウェイへの輸出許可を申請済みだ。米韓台にある半導体企業もそれぞれ許可を求めている。すでにパソコン向けの一部の半導体では米インテルなどが同省より許可を得て出荷を再開しており、取引再開が不可能なわけではない。

それでも実際にファーウェイとの取引再開にこぎ着けられるのは一部のみで、高性能半導体は厳しいとの見方が業界内では広がる。台湾のある半導体メーカー幹部は「5G向けで使用する最先端品は絶対に無理」と諦め顔だ。

ＰＣ向けの半導体の輸出が許可されたのはＰＣ市場におけるファーウェイのシェアが低いことや通信分野での覇権争いにつながる製品でないことが理由とみられる。英調査会社オムディアの南川明シニアディレクターも「軍事転用の可能性がある画像センサーや通信チップで輸出許可が下りるのは難しい」と話す。

ファーウェイとの取引再開が見通せない中、半導体各社の明暗は分かれてくる。ＴＳＭＣは売上高の約１５％がファーウェイ向けだが、米企業からの受注増でカバーできる見通しだ。サムスン電子はファーウェイのスマホ生産が滞った場合、自社スマホのシェアが高まることから打撃は小さいと韓国メディアは伝えている。

問題は日系メーカーだ。ソニーはスマホカメラ向けに画像センサーを供給しているが、トップクラスのカメラ性能を求めるファーウェイに代わる上客を見つけるのは容易ではない。自社で各種半導体を製造するサムスン電子のスマホシェアが高まるとソニーには痛手だ。すでにソニーは２０１８〜２０年度の３年間で７０００億円を予定していた半導体事業への設備投資計画を６５００億円に減額すると8月に発表した。

またファーウェイは半導体以外の一般電子部品を含めて日系部品メーカーと年間約

1兆2000億円の取引があると主張している。ソニーやキオクシアなどの半導体企業以外にコンデンサー世界大手の村田製作所や二次電池を手がける香港ATLを傘下に持つTDKなどへの影響も懸念される。ファーウェイが持つ半導体の在庫が尽きて、同社の通信機器の生産が滞ったときに半導体以外の電子部品の需要にも影響が出るのは必至だ。

ファーウェイに供給していた部品は相対的に高機能かつ高付加価値のものが多く、「上位機種では新モデルごとに毎回最新の部品が採用されていた。(高単価品の数量減で)採算が悪化するおそれもある」(電子部品メーカー首脳)との声も聞かれる。

**■日本企業は総額1兆円以上の取引を行っていた**
—ファーウェイの主要サプライヤー一覧—

| | 企業名 | 主な製品 |
|---|---|---|
| 半導体 | ソニー | CMOS（画像センサー） |
| | キオクシア | メモリー半導体 |
| | ルネサスエレクトロニクス | アナログ半導体 |
| | 三菱電機 | パワー半導体 |
| 一般電子部品 | 村田製作所 | コンデンサー |
| | 京セラ | 通信モジュール |
| | TDK | 二次電池 |
| | セイコーエプソン | 水晶デバイス |
| | 太陽誘電 | コンデンサー |
| | ヒロセ電機 | コネクター |

## 長期的な影響は限定的

ただし、一連のファーウェイ規制による影響は長期的には大きくないと電子部品各社は口をそろえる。スマホや通信基地局の市場でファーウェイのシェアが落ちても、他メーカーへの部品供給が増えることが期待できるためだ。スマホでは米アップルやサムスン電子、中国のＯＰＰＯなど世界シェアトップ５の企業と取引のある部品メーカーが多く、消費者がファーウェイ以外にシフトするだけなら影響は小さいとの見方だ。

一部でＯＰＰＯやＶｉｖｏなど中華圏のスマホメーカーがファーウェイに続いて制裁を受けると懸念する声はあるが、「ファーウェイが米国による制裁を受けているのは通信基地局メーカーでもあるから」（ＯＰＰＯの日本法人幹部）と他社への追加制裁はないだろうとの見方のほうが強い。

通信基地局でもスウェーデンのエリクソンやフィンランドのノキアというファーウェイに次ぐトップ級企業と取引実績がある日系部品メーカーは多い。世界トップのファーウェイによる通信基地局の供給が停滞すれば、5Gの普及に遅れが生じるなど一時的な市場縮小は起こるが通信インフラの総需要は変わらないとみる。

各国のさまざまな顧客に部品を販売しているのが日系メーカーの強みである。部品技術の高さを維持すると同時に、顧客開拓力の一段の強化が求められている。

（劉　彦甫）

## 米国新工場の見返りは何か

# 台湾TSMCの深謀と勝算

「台湾積体電路製造（TSMC）は台湾の安全保障の要だ」。台湾の蔡英文総統の側近はそう話す。20年9月18日、蔡総統は台湾を訪問していたクラック米国務次官との晩餐会にTSMCのカリスマ創業者、張忠謀氏を招いた。総統府関係者によると張氏の招待は蔡総統の希望だった。

米国にとっても台湾はこれまで以上に戦略的な重要性を持つようになった。その理由の1つがTSMCであることを同社も理解し、「駆け引き」に臨んでいる。

晩餐会の4カ月前の5月15日、米国がファーウェイへの規制強化を発表した日に、TSMCは米国政府の誘いに応えた。米アリゾナ州での総額120億ドル（約1兆3000億円）に上る半導体工場の建設計画を発表した。

ＴＳＭＣは半導体受託製造（ファウンドリー）分野で世界シェアの半分を占める最大企業だ。同社の株価は２０年夏に約５０％上昇。半導体専業企業の時価総額では世界トップで投資家から期待を集める。

市場が注目する理由の１つは好調な業績にある。７月に発表した４～６月期の決算で純利益が１２０８億台湾ドル（約４４００億円）と過去最高を更新。１０月８日には９月の売上高が前年同月比２５％増になったと発表した。

直後に輸出規制を控えてファーウェイ向けの駆け込み出荷がＴＳＭＣの業績を押し上げた効果はあるが、すでに７月の段階でＴＳＭＣの劉徳音董事長は「９月１５日以降、ファーウェイには半導体を供給しなくなるが、ほかの顧客からの受注は増えている」と説明。２０２０年１２月期の売り上げ見通しも前年比２０％増収と従来予想から引き上げるなど強気だ。ファーウェイ向けの出荷が失われてもＴＳＭＣが大きな影響を受けないのは同社に半導体生産を委託したい企業が列を成しているからだ。

## 米中企業が奪い合う

多数の企業がTSMCを頼る理由は優れた技術力にある。回路線幅の微細化が性能向上につながる半導体。その製造技術でTSMCは世界最先端を突き進む。同社は20年春に現在世界最先端の5ナノ品の量産を開始。その生産ラインではファーウェイや米アップルのスマホの最新機種にそれぞれ使われる半導体の製造が行われた。

ところが、ファーウェイ向けの出荷がなくなったことで、5ナノ品の生産ラインが空いた。そこで米エヌビディアやAMDなどは自社が設計する半導体の製造をTSMCに委託しようとしている。中国向けの出荷が途絶えても米国企業がその穴埋めをする構図だ。

受託製造で世界2位の韓国サムスン電子は5ナノ品の量産体制の構築に苦戦。業界関係者は米クアルコムもサムスン電子に発注していた5ナノ品の製造を一部TSMCに移したとみている。

米インテルは7ナノ品の開発に苦戦するなど、米国でTSMCと同等の製造技術を持つ企業はもはやない。一方、中国の受託製造最大手の中芯国際集成電路製造（SMIC）もまだ微細化技術の開発が進んでいない。世界のハイテク企業がTSMCを必要としている。

中国のハイテク産業の発展を阻止したい米国政府はTSMCを不可欠な存在としつつ、警戒する。同社は5月に計画を発表したアリゾナ工場とは別にすでにワシントン州に工場を持つが、中国の南京にも工場を構えている。中国政府は産業政策「中国製造2025」で半導体の自給率を25年までに7割まで引き上げたいとしており、多額の補助金を投入し、半導体の製造能力と技術を高めようとしている。対して、米国は設計技術がトップクラスではあるが製造技術の開発競争で脱落気味。TSMCへの委託のように製造を国外に依存する状態が固まりつつある。

「米国政府は5GやAI時代の到来に向けて、信頼できる安全な半導体サプライチェーンを築きたいからTSMCの先端工場を米国本土に必要とした」と台湾経済部の幹部は話す。台湾国防部の関係者も「軍事用途の高性能半導体の製造工場を中国に近い台湾ではなく、米国に置く必要があったのだ」と安全保障上の理由からTSMCの米国新工場の意義を捉える。

## 米国に接近も厳しい戦い

ＴＳＭＣにとっても米国側に歩み寄ったのは自然な流れだった。台湾の半導体産業は中国勢による人材引き抜きや情報漏洩リスクにさらされてきた。台湾政府は企業の技術やプログラムなどの情報を保護し、流出防止を図る「営業秘密法」を整備してきたが、ＴＳＭＣ側は同法の強制力がまだ不十分であると考えている。

実際に１８年には台湾の半導体受託製造世界4位の聯華電子（ＵＭＣ）を、中国企業に米国技術の情報を漏洩したとして、米国政府が経済スパイ法で起訴した。ＴＳＭＣは米国顧客を多く抱えているほか、アプライドマテリアルズなど半導体製造に不可欠な製品を提供する米国企業との関わりもある。

米国との関係を維持発展するためにも、「踏み絵」を踏まざるをえなかった。また米国政府と交渉する材料を得るというメリットもありそうだ。台湾の政府系シンクタンクのアナリストは「ＴＳＭＣが新工場を設けたのは、水面下で米中双方の企業とそれぞれ安定的に取引を行える許可を米国政府から引き出すためだ」と推測する。

ただ、TSMCにとって正念場はこれからだ。米国新工場の建設・運営では米国政府から補助金、税制、水道・電気代などの優遇措置を受ける見通しだが、それ以外に明確なメリットをまだ受けていない。そもそも劉董事長は過去に工場建設の壁はコストにあると指摘。人件費や電気代の高さなどを理由に米国新工場に消極的だった。TSMC関係者は「今回の工場建設に当たっての優遇は余分なコストの相殺でしかなく、まだ割に合っていない」と明かす。

米中ハイテク摩擦下で米国に接近したものの、TSMCの技術は米中に狙われ続ける。一方で、安定した事業運営には、世界最先端の製造技術力を高め、自社の戦略的価値を向上させるという相反する対応となる。それは業界2位サムスン電子の猛追を振り切りつつ、中国勢との競争に勝ち続けることを意味するが、勝算はあるのか。TSMC幹部は張忠謀氏の発言を引用する。「誰が勝つかはわからないが、勝つ人がいるなら我々も勝てる」。厳しい環境を生き残る自信はあるようだ。

（劉　彦甫）

■米中ハイテク摩擦に翻弄されるTSMC
—台湾・韓国・中国・米国の半導体をめぐる構図—

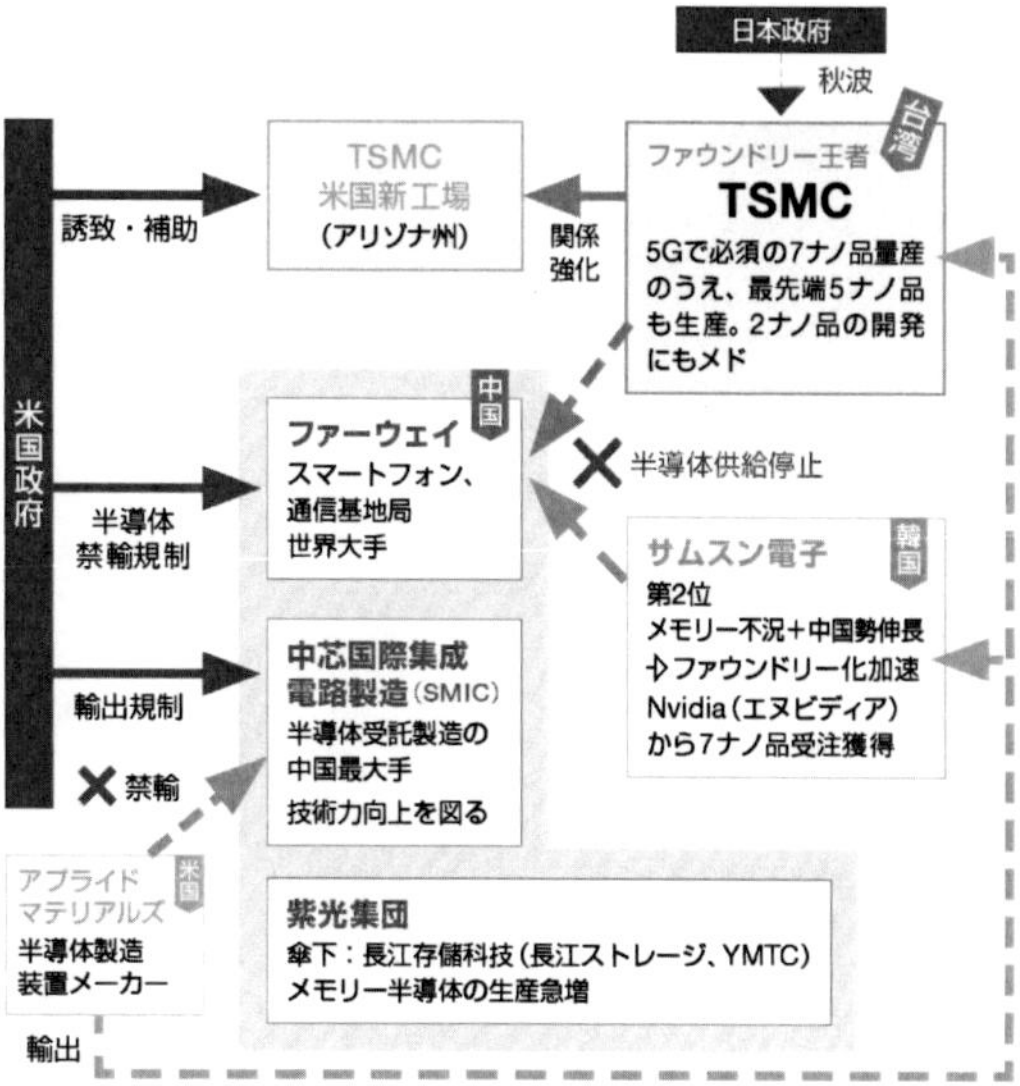

## 韓国が急ぐ脱日本の真相

「最高の地域産業連携」と称された日韓の半導体産業が変容しつつある。

2019年7月、日本政府が半導体製造関連3品目（フッ化水素、フォトレジスト、フッ化ポリイミド）の対韓国輸出管理を強化。1回の許可で一定期間は手続きなしで輸出が可能な包括許可から、1回の輸出ごとに申請が必要となる個別許可に変更した。輸出手続きが煩雑化したことで、19年7月以降、対韓輸出が急減した。

とくに減少幅が大きいのがフッ化水素だ。回路基板の材料として使われる素材で、韓国は輸出規制強化前まで、全輸入量の9割超を日本のステラケミファや森田化学工業などから購入していた。フッ化水素と同様、フォトレジストやフッ化ポリイミドも、韓国は必要量の9割以上を日本から輸入していた。この輸出量の減少で日本企業の業績や株価は悪化した。

## ■ フッ化水素の輸出は急減 ―フッ化水素の対韓輸出量・金額―

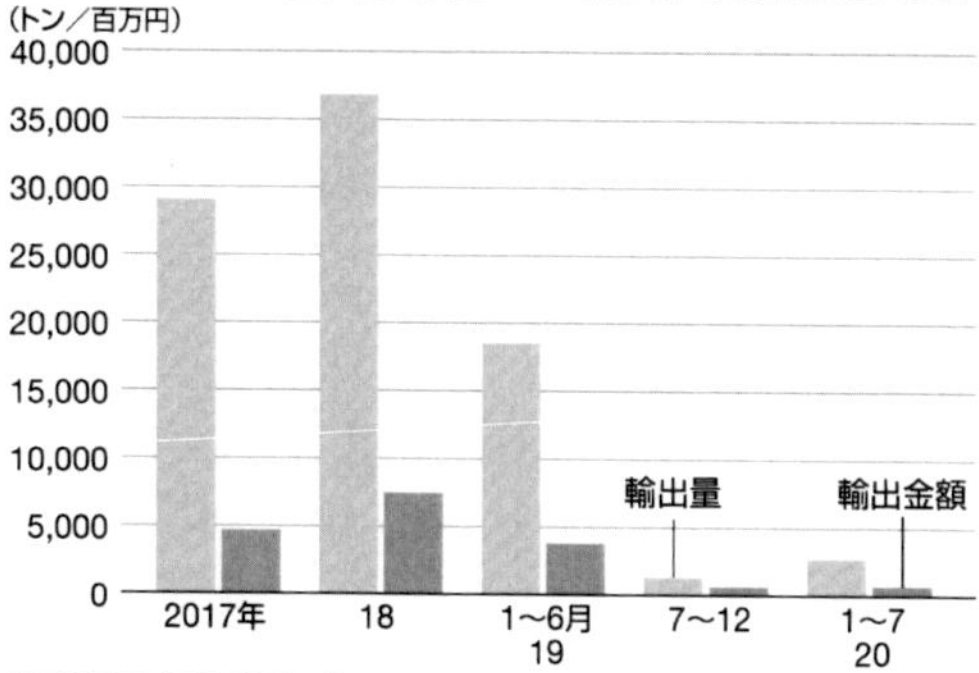


(出所)財務省貿易統計を基に本誌作成

実は、日本政府はこれら製品の対韓輸出を止めていない。日本政府は輸出規制強化の理由を「日韓間の信頼が喪失し、輸出管理で不適切な事案が発生したため」としている。

しかし別の思惑もあった。元徴用工問題で韓国の大法院(最高裁判所)が日本企業に賠償を命じた判決への対抗策だ。この問題に韓国の文在寅(ムンジェイン)政権があまりにも無策・無関心であるため、当時の安倍晋三政権が輸出規制を使って譲歩を引き出そうとしたのは明白だ。

韓国側が強く依存している製品の輸出規制を強化すれば、韓国の経済の主軸である半導体産業に影響を与えて、徴用工問題で一定の譲歩を引き出せるはず——。今ではこれを日本政府側は全否定するが、規制強化発表当時、世耕弘成経済産業相をはじめ政府関係者はこの点について言及しており、韓国側が日本政府にことさら強く反発した理由がここにある。

■輸出規制強化後も輸出は許可されている ―日韓の対応―

|  |  |  |  |
|---|---|---|---|
| 2019年 | 7月 | 1日 | 日本が外為法輸出貿易管理令改正案を発表。韓国をホワイト国から除外 |
| | | 4日 | フッ化水素、フォトレジスト、フッ化ポリイミドの3品目の韓国向け輸出規制を強化。包括許可から個別許可へ |
| | 8月 | 5日 | 韓国政府、日本の輸出令改正への対応策を発表 |
| | | 8日 | 信越化学工業からのサムスン電子向けレジスト輸出を許可 |
| | | 19日 | JSRからのサムスン向けレジスト輸出を許可 |
| | | 22日 | 韓国がGSOMIAの終了を決定 |
| | | 28日 | 改正輸出令を施行 |
| | | 29日 | サムスン向けの気体フッ化水素の輸出を許可 |
| | 9月 | 11日 | 韓国が3品目輸出規制についてWTOに提訴 |
| | | 18日 | 韓国が日本をホワイト国から除外 |
| | | 30日 | フッ化ポリイミドについて、韓国の中小企業への輸出を許可 |
| | 11月 | 1日 | CISTEC（安全保障貿易情報センター）が日本の輸出規制に関する資料を発表 |
| | | 15日 | ステラケミファからのサムスン、SKハイニックス向け輸出を許可 |
| | | 21日 | 韓国、WTO提訴を暫定停止。条件付きでGSOMIAの延長を決定 |
| | 12月 | 16日 | 日韓輸出管理政策対話を開催 |
| | | 20日 | レジストの輸出について「特別一般包括許可」とし規制を緩和 |
| 20年 | 3月 | 10日 | 日韓輸出管理政策対話を開催（オンライン） |
| | 4月 | 1日 | 対外貿易法を改正、組織改編 |
| | 6月 | 2日 | 3品目輸出規制に関するWTO提訴を再開 |
| | | 18日 | 3品目輸出規制に関する紛争パネル設置をWTOに要請 |

（注）黒字は日本側の対応、赤字は韓国側の対応
（出所）経済産業省発表、各種報道を基に本誌作成

## 脱日本企業化ではない

韓国は日本の措置に「脱日本化」で対抗した。輸出元の多角化を進め、一部製品は国内生産による代替を目指した。韓国政府も企業と連携し、自国産業の育成という次元から後押ししてきた。さらに、日本が規制強化の理由とした輸出管理体制の不備、すなわち日本から輸入したものを不正に第三国へ輸出しているという指摘を受け入れ、法改正や組織改編も行った。

その結果、韓国の半導体産業の「脱日本化」は進んだ。韓国経済に詳しい日本総合研究所の向山英彦・上席主任研究員は、「例えば高純度ではないフッ化水素を韓国産へ切り替えたり、中国や台湾企業などへ輸出元を変えるなど、多角化が進んだ」と指摘する。また米デュポンが最先端のEUV（極端紫外線）レジストの開発・供給拠点を韓国に設置することを発表するなど、日本の牙城だった韓国への進出を狙う企業も出てきた。

ただ、脱日本化の動きは必ずしも脱日本企業化ではないと、韓国・国立外交院の金良姫（キム ヤン ヒ）・経済通商開発研究部長は言う。それは、日本企業が韓国以外の海外子会社を対韓輸出の拠点としたり、韓国に直接投資したりするケースがあるためだ。

例えばＥＵＶレジストでは東京応化工業が韓国での現地生産を決めた。また日本のＪＳＲはサムスン電子などと共同で米企業へ投資し、ＥＵＶ関連の次世代技術開発を始めている。これは、日本産は価格が合理的で性能もよく、さらに第三国には代替しうるメーカーが少ないためだ。

■韓国の脱日本化は必ずしも脱日本企業化ではない

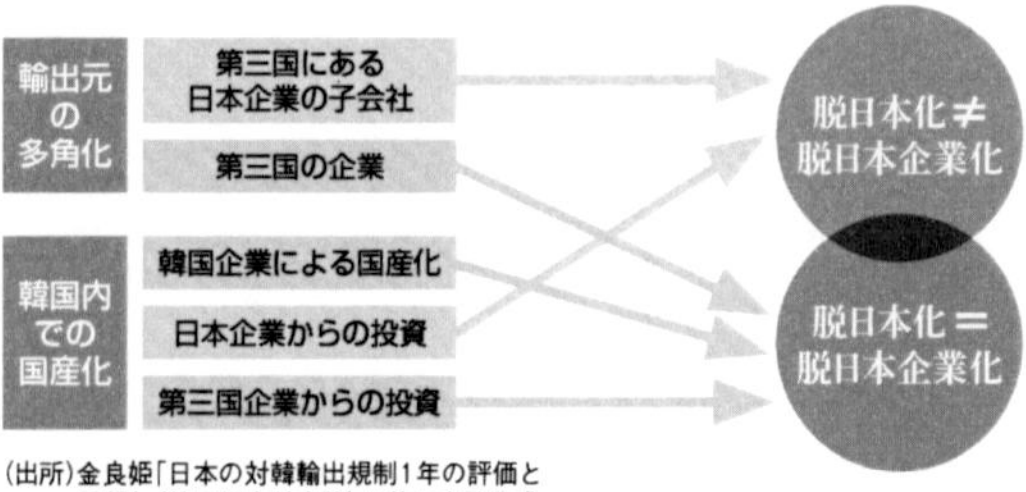


（出所）金良姫「日本の対韓輸出規制1年の評価と展望」（韓国国立外交院）を基に本誌作成

一方で、輸出規制強化は韓国の経済政策の実効性を高めるきっかけにもなった。韓国政府と企業間、大企業と中小企業間の連携と協力体制が構築され始めたためだ。韓国はこれまで、財閥と称される大企業中心の経済構造から、中小企業など広い裾野を持つ構造への転換を目指していた。いわば大企業中心のいびつな構造を脱し、中小企業からの底上げを図る経済政策を打ち出してきたが、あまりにも財閥の存在が大きすぎて、歴代政権が手をつけられなかったのだ。

今回、半導体産業に限られているが、日本への対抗策が業界内のあらゆる企業と政府との連携を深め、長年の懸案を解消する方向へ動く起爆剤となった。これには、サムスン電子など半導体業界における韓国企業の力が世界的に強いことも追い風となっている。世界の半導体企業が韓国への投資を活発化させている中、韓国の半導体産業は他国を巻き込んでいく強い求心力を生んでいるのが現状だ。

この1年間の日韓対立を、前出の金氏は「まずは韓国の判定勝ち」とみる。「日本政府は自国企業の確固たる寡占的地位に亀裂を生じさせ、海外企業が付け入る隙をつくった」ためだ。実際に、日本企業は悪影響を受けた。しかも、元徴用工問題も解決していない。

韓国側も、実は規制により物品調達コストが上昇するなど、負担は決して小さくない。さらに、韓国政府はこの件で世界貿易機関（ＷＴＯ）に提訴したことのコストも抱えている。結局、「日韓どちらも勝者とはいいがたい」（金氏）のが現状だ。

今回、日本が外交問題を経済問題に広げたため、半導体産業や日韓経済で不確実性が高まったことは、今後の経済活動に非常にマイナスだ。不確実性を解消するためのさらなるコスト負担はもちろん、日本産業の空洞化も招きかねない。すでに、半導体産業ではそれが生じつつある。

（福田恵介）

# 「中国はDRAMを量産化する」

中国紫光集団高級副総裁・坂本幸雄

経営破綻した日本唯一のDRAM半導体メーカー、エルピーダメモリ（2013年に米マイクロン・テクノロジーが買収）。その最後の社長となった坂本幸雄氏が中国半導体大手・紫光集団の高級副総裁に転身し、中国でのDRAM国産化に向けた新たな支援に取り組んでいる。その真意を本人に聞いた。

**――紫光での使命は何ですか。**

日本が拠点の「設計センター」（川崎市）で最先端のDRAMを設計することだ。新型コロナウイルスの影響で始動が遅れているが、東芝やエルピーダの元社員を中心に半導体技術者が26人入ってくれる予定だ。彼らは前職では自分で自由に仕事ができないという不満を抱えてきたようだ。紫光の給料も魅力的だったのだろう。

――最先端のDRAMとはどういうものですか。

具体的には公表していない。だが、少なくとも韓国サムスン電子やマイクロンといった競合が取り組んでいる技術と同じレベルでないと、今後キャッチアップできない。そうした中で重要なのが、一切の訴訟問題を起こさないということだ。われわれはそれをコンセプトに掲げている。訴訟問題を起こすと不必要に時間を取られてしまう。正規に技術を取得して特許料をきちんと払うなどすれば、問題は起こらないはずだ。

## ゲームチェンジャー狙う

――設計だけでなく、生産まで一貫してやることが必要ですか。

DRAMはサムスン、マイクロン、韓国SKハイニックスの世界トップ3社でほとんどを造ってしまう寡占状態であり、われわれはそれを問題視している。この状態では価格が全然下がらない。この数年間で生産コストは下がったはずなのに、エルピーダが会社更生法適用を申請した12年よりも割高になっている。DRAMが安くないと、最終的なエレクトロニクス製品での技術進化も起きない。

DRAMはまだうまくいっていないが、(同じメモリー半導体の)NAND型フラッシュは中国で量産化できており、DRAMも数年内の量産化を目指している。

**——半導体量産化には最先端の製造装置なども必要になりますが、米中摩擦が続く中、調達には障害も多いのではないですか。**

そうした面は確かにある。だが、もし生産が実現できれば、背後に巨大なマーケットを抱える中国がゲームチェンジャーになれる可能性がある。寡占のDRAM市場を健全化できるのは中国だけだ。

デカップリングといわれるが、そんなことは可能なのか。分離して困るのは米国のほうではないか。中国には膨大なマーケットがあるのだから、これを無視してはスケールメリットが全然出ない。

一方、中国も指導層と話している限りでは米国といい関係を築いていきたいというのが基本だと思う。米国にはアップルやグーグルといった、新しい産業を立ち上げる力がある。中国も似た面はあるものの、米国ほどダイナミックにはできていない。

**――それぞれがお互いを必要としているということですか。**

もっと単純に考えると、学校でけんかがいちばん強いやつと2番目に強いやつはけんかしないということだ。米国人の中には中国に対する不信感を持つ人もいると思うが、ビジネスマンはとてもスマート。中国に進出している米国のビジネスマンのほとんどは中国での仕事を放り出したくないと思っている。

（聞き手・高橋玲央）

**坂本幸雄（さかもと・ゆきお）**
1947年生まれ。70年日本体育大学卒業、日本テキサス・インスツルメンツ入社。2002年にエルピーダメモリ（現マイクロンメモリ ジャパン）社長。経営破綻に伴い13年退社。19年11月から現職。

# 「中国は米国に妥協せざるをえない」

英オムディア　シニアコンサルティング　ディレクター・南川　明

米中摩擦による主導権争いの行方を業界の第一人者に聞いた。

中国ファーウェイに対する米政府の規制強化は同社の2つの側面に関わる。

1つは半導体メーカーとしての側面。ファーウェイ傘下のハイシリコンが半導体設計会社として近年急速に技術力を伸ばしており、ハイエンドスマホ向けの設計もできるようになった。半導体は軍事技術に直結するから米国はその進歩を抑えたい。そうすると、ハイシリコン自身が製造しはしないが、間接的に製造装置や先端材料に影響が及ぶ。

もう1つ大きいのは、半導体の買い手としての側面だ。ファーウェイはスマホメーカーとしても世界2位、基地局では世界トップだ。米国の規制で半導体を買うことができなくなれば影響は大きい。ソニーやキオクシアなどの日本企業からも年間1兆2000億円分程度を買っている。それらが激減してしまう。

各社は米政府にファーウェイへの輸出許可申請をしているが、許可がいつ下りるのかわからない。とくにソニーが扱う高性能のイメージセンサーは軍事転用可能と見なされる可能性があるので難しい。米国が注意しているのはイメージセンサーのほかにプロセッサーや通信チップなどだ。

さらに、中国は設計だけでなく、半導体の製造も進めようとしている。すると、巨大なマーケットを持つ中国は自国だけで経済を回せるようになる。それを避けたいから、米国は製造も抑えつけて自国から半導体を買ってもらう状態をつくり出したい。

世代の古い半導体を設計・製造できるようになっても、最先端のものの設計・製造は難しいだろう。すると、スマートシティーや電気自動車など、中国が重視するあらゆる産業の中心には半導体があるから、これらのプロジェクトがスローダウンせざるをえない。そうなると中国はやはり背に腹は代えられないので、どこかで妥協せざるをえなくなるだろう。そうした動きが２０２１年中のどこかで出てくるはずだ。

## 製造は米のアキレス腱

一方で、米国の半導体産業も転換点にある。これまで業界を牽引してきたインテルが製造プロセスでつまずいているからだ。技術レベルが高くなる中で費用もエンジニアも多く必要になったため、その水準を達成するハードルが高くなっているのだ。製造プロセスでリードする台湾のＴＳＭＣは受託製造会社なので、製造技術の開発だけに集中すればいい。だから圧倒的な優位を築けている。

半導体業界は、企業の国籍で見ると米企業が世界の４５％ほどのマーケットシェアを占める。ただ、生産額という観点では２０％もない。つまり米企業の半分以上が国外に委託して造ってもらっている。その中で最大なのはＴＳＭＣ。だから米国にとっては、台湾が中国に取り込まれるのは半導体の観点からも非常に危うい。製造がアキレス腱になっているわけだ。

当面はインテルもＴＳＭＣに製造を委託するなど力を借りることになるだろうが、それがずっと続くかというとそうはしたくない。だから米政府も国を挙げてインテルを支援する。ほかにもＴＳＭＣの工場を米国に誘致するなどの動きが活発だ。

## 日本の得意分野にも影

状況が目まぐるしく変わる以上、現在日本企業の強い半導体製造装置や材料の分野が１０年、２０年後も安泰な保証はない。１９年の日韓問題もあり、韓国の材料産業も力をつけてきた。材料の分野で日本は確実にシェアを落としている。

日本に多くの工場があるパワー半導体も、米国の規制が及ばないこともあり中国で増産が止まらない。このままでは液晶のように日本企業が太刀打ちできなくなる危険もある。日本のパワー半導体の企業には規模が小さい会社も多い。研究開発の横のつながりを増やす仕組みなど、サポート体制をつくっていかなくてはまずいと思う。日本政府も重大性に気づいているので、近く何らかの動きがあるだろう。

（構成・高橋玲央）

南川　明（みなみかわ・あきら）

1958年生まれ。82年武蔵工業大卒業、米モトローラ入社。ガートナージャパン、英IHSマークイットなどを経て2020年から現職。

【週刊東洋経済】

本書は、東洋経済新報社『週刊東洋経済』2020年10月24日号より抜粋、加筆修正のうえ制作しています。この記事が完全収録された底本をはじめ、雑誌バックナンバーは小社ホームページからもお求めいただけます。

小社では、『週刊東洋経済 eビジネス新書』シリーズをはじめ、このほかにも多数の電子書籍ラインナップをそろえております。ぜひストアにて「東洋経済」で検索してみてください。

『週刊東洋経済 eビジネス新書』シリーズ

No.331 介護大全

No.332 ビジネスに効く健康法

No.333 新幹線 vs. エアライン

No.334 日本史における天皇

No.335 EC覇権バトル

No.336　検証！　ＮＨＫの正体
No.337　強い理系大学
No.338　世界史&宗教のツボ
No.339　ＭＡＲＣＨ大解剖
No.340　病院が壊れる
No.341　就職氷河期を救え！
No.342　衝撃！　住めない街
No.343　クスリの罠・医療の闇
No.344　船・港　海の経済学
No.345　資産運用マニュアル
No.346　マンションのリアル
No.347　三菱今昔　１５０年目の名門財閥
No.348　民法&労働法　大改正
No.349　アクティビスト　牙むく株主

週刊東洋経済eビジネス新書　No.361
激動の半導体

【本誌（底本）】
編集局　冨岡　耕、高橋玲央
デザイン　池田　梢、藤本麻衣、小林由依
進行管理　三隅多香子
発行日　２０２０年１０月２４日

【電子版】
編集制作　塚田由紀夫、長谷川　隆
デザイン　大村善久
制作協力　丸井工文社
発行日　２０２１年６月３日　Ver.1

発行所　〒103-8345
東京都中央区日本橋本石町1-2-1
東洋経済新報社
電話　東洋経済コールセンター
03(6386)1040
https://toyokeizai.net/
発行人　駒橋憲一


電子書籍化に際しては、仕様上の都合などにより適宜編集を加えています。登場人物に関する情報、価格、為替レートなどは、特に記載のない限り底本編集当時のものです。一部の漢字を簡易慣用字体やかなで表記している場合があります。本書は縦書きでレイアウトしています。ご覧になる機種により表示に差が生じることがあります。

※本刊行物は、電子書籍版に基づいてプリントオンデマンド版として作成されたものです。